光明社科文库
GUANGMING DAILY PRESS:
A SOCIAL SCIENCE SERIES

·政治与哲学书系·

中国古代哲学家的德育思想

王伟萍 | 著

光明日报出版社

图书在版编目（CIP）数据

中国古代哲学家的德育思想 / 王伟萍著．－－北京：光明日报出版社，2021.6
ISBN 978－7－5194－6095－2

Ⅰ.①中… Ⅱ.①王… Ⅲ.①德育—思想史—中国—古代 Ⅳ.①G41-092

中国版本图书馆 CIP 数据核字（2021）第 086297 号

中国古代哲学家的德育思想
ZHONGGUO GUDAI ZHEXUEJIA DE DEYU SIXIANG

著　　者：王伟萍	
责任编辑：郭思齐	责任校对：叶梦佳
封面设计：中联华文	责任印制：曹　诤

出版发行：光明日报出版社
地　　址：北京市西城区永安路 106 号，100050
电　　话：010－63169890（咨询），010－63131930（邮购）
传　　真：010－63131930
网　　址：http://book.gmw.cn
E - mail：gmrbcbs@gmw.cn
法律顾问：北京市兰台律师事务所龚柳方律师

印　　刷：三河市华东印刷有限公司
装　　订：三河市华东印刷有限公司

本书如有破损、缺页、装订错误，请与本社联系调换，电话：010-63131930

开　　本：170mm×240mm
字　　数：213 千字　　　　印　　张：16.5
版　　次：2022 年 1 月第 1 版　　印　　次：2022 年 1 月第 1 次印刷
书　　号：ISBN 978－7－5194－6095－2
定　　价：95.00 元

版权所有　　翻印必究

汲取中华优秀传统文化中的德育智慧

德育，古称教化，即通过道德教育（教）来感化人民，转移世间的人心风俗（化），古人所说的"教"即今人所言的社会道德教育，重教化是中国文化的优良传统，早在商代，有识之士感于殷商因失德而亡国就提出"德，国家之基也"，凸显了道德教化的功用。春秋战国时期，礼坏乐崩，纲常紊乱，诸侯征战，生灵涂炭，社会失序，每一个有责任感的思想家都在思索：如何拯救社会、扭转乾坤？他们几乎不约而同地选择了教化万民的方法，力图通过不断的教化，提升民众的素养，实现社会的和谐、安宁和富庶。

道德是文化的内核，任何一个国家和民族的道德建设无不依赖于本国和本民族的文化传统和道德精髓。中国传统文化特别强调明人伦、重道德、尚礼仪，并一以贯之地引导人们崇德修身和尚德向善，在本质上是一种注重彰显伦理与德行意蕴的道德文化。中华优秀传统文化以导人向善为目标，历来有重德尚德和崇德讲德的优良传统，始终致力于追求至善至美的道德境界。纵观中国传统教育发展历程，古代教育一贯主张"学校之中，惟以成德为事"，"立德树人"是最为核心的教育目的。《大学》不仅开篇提出"大学之道，在明明德，在亲民，在止于至善"的教育追求，还进一步提出格物、致知、诚意、正心、修身、齐家、治国、平天下的修养进阶，以引领个体道德发展。近年来，为弘扬中华民族优良道德传统，党和国家高度重视德育工作。2010年《国家中长期教育改革和发展规划纲要（2010—2020年）》提出，要坚持"德育为先"，全面贯彻落实"立德树人"理念，把社会主义核心价值体系融入国民教育全过程。党的十八大报告直接指出，要把"立德树人"作为教育的根本任务。

中国古代哲学思想是中华优秀传统文化的核心，其中蕴含着丰富的思想道德资源，为中华民族生生不息和发展壮大提供了丰厚的精神滋养。例如，老子和孔子等思想家提出的修身、孝悌、仁爱、忠信、乐群、扬善等诸多理念，至今仍具有鲜明的教化意义。

我们要认真吸取中国古代哲学思想的思想精华和道德精髓，大力弘扬以爱国主义为核心的民族精神和以改革创新为核心的时代精神，深入挖掘和阐发中华优秀传统文化讲仁爱、重民本、守诚信、崇正义、尚和合、求大同的时代价值，使中华优秀传统文化成为涵养社会主义核心价值观的重要源泉。我们作为历史唯物主义者和辩证唯物主义者，对传统文化中的德育资源要本着择其善者而从之、其不善者而去之的科学态度，"对有益的东西、好的东西予以继承和发扬，对负面的、不好的东西加以抵御和克服，取其精华，去其糟粕，而不能采取全盘接受或者全盘抛弃的绝对主义态度"。

习近平总书记在庆祝中国共产党成立100周年大会上的讲话中谆谆告诫新时代的中国青年"要以实现中华民族伟大复兴为己任，增强做中国人的志气、骨气、底气"。中国人的志气、骨气、底气就是中国古代哲学家崇尚的君子人格。人格，是人的性情、能力以及道德品质的总和，中国古代先贤所追求的是具有高尚典范的理想人格，其中尤以"君子"为最广泛，被称为"众趋人格"，而君子的特质之一即为自强。自强不息的伟大奋斗精神是我们民族不断发展的最终动力源泉，几千年的民族发展史，百年的民族复兴史，几十年的社会主义建设史，皆是一部部自强史，没有一批又一批自强不息的优秀儿女，就不会有独立、富强的中国，就不会有中华民族的伟大复兴。因此，发掘中国古代哲学家关于自强人格培育的思想资源，对于"增强做中国人的志气、骨气、底气"都有显著的现实意义。

中国古代哲学家的德育思想极为丰富。从孔子到王夫之，其间出现了许多卓越的哲学家，他们的德育思想各自反映了不同历史时期的精神风貌和道德习俗，构成了中华民族的宝贵精神财富。尤其是在德育方法论方面，中国古代哲学家提出了许多深刻反映着教育教学规律和人们认知习惯的德育方法，如修身立德、榜样示范和践履笃行等。这些德育方法在客观上能够为我国现今的社会主义精神文明建设和现代德育方法的构建提供宝贵的借鉴意义。

中国传统德育的智慧在于：把对人的生活秩序和生命意义的关注融为一体，关怀整全的人生。一方面，它关注人的现实生活，对现实生活进行调理并确立规范，引导人们合理地生活，营造生活家园；另一方面，它从更高的层次关注生命的意义，对人的精神世界进行调理并勾画秩序，开启人生的意义，构建精神家园。当代德育建设应当吸取传统德育的智慧，关怀现代人的生活秩序和生命意义。

中华优秀传统文化中丰富的哲学思想、人文精神、教化思想、道德理念等，可以为现今道德建设提供有益启发。基于中国传统文化的道德教化旨趣和新时代道德建设需求，习近平总书记高度重视中华优秀传统文化的德育思想与价值。他明确指出："不忘本来才能开辟未来，善于继承才能更好创新。对历史文化特别是先人传承下来的价值理念和道德规范，要坚持古为今用、推陈出新，有鉴别地加以对待，有扬弃地予以继承，努力用中华民族创造的一切精神财富来以文化人、以文育人。"中国古代哲学是中华优秀传统文化中的重要内容，对中国古代哲学家的德育思想资源的发掘有助于新的历史条件下的道德建设，有助于人的素质和道德水准的提高，有助于人格的培养与完善。

本书以马克思主义唯物史观为指导，选取了从春秋战国到明末清初14位有代表性的哲学家的德育思想（即思想道德教育学说）为研究对象，对每一位哲学家的德育思想的形成背景、主要内容和当代价值进行分析；对每一位哲学家的德育思想都尽可能按照唯物辩证法进行客观评价，取其精华，去其糟粕；特别结合当前实际，指出其可以科学借鉴的内容，真正做到古为今用、推陈出新；为弘扬中华文化，建设中华民族共有精神家园，为建设中国特色的高质量德育，提供了有意义的借鉴，具有较高的学术与应用价值。

目 录
CONTENTS

第一章 老子德育思想 …………………………………… 1
    一、老子德育思想的形成　1
    二、老子的德育思想体系　5
    三、老子德育思想的当代价值　11

第二章 孔子德育思想 …………………………………… 17
    一、孔子德育思想产生的背景　17
    二、孔子德育的目标与内容　20
    三、孔子德育的基本原则和主要方法　24
    四、孔子德育思想的历史评价　29
    五、孔子德育思想的当代价值　32

第三章 孟子德育思想 …………………………………… 37
    一、孟子德育思想的形成条件　38
    二、孟子德育思想的主要内容　43
    三、孟子德育思想的现代价值及其启示　48

第四章　墨子德育思想……………………………………… 56

一、墨子德育思想产生的背景和理论基础　56

二、墨子德育思想的内容　58

三、墨子德育思想的当代价值　67

第五章　韩非子德育思想…………………………………… 74

一、韩非子德育思想形成的历史背景及理论基础　74

二、韩非子德育思想的主要内容及特点　77

三、韩非子德育思想的评价及对当代社会的借鉴意义　83

第六章　管子德育思想……………………………………… 90

一、管子德育思想的形成和理论基础　90

二、管子德育思想的内容　94

三、管子德育思想对当代教育事业的意义　101

第七章　董仲舒德育思想………………………………… 107

一、董仲舒德育思想产生的时代背景和理论渊源　107

二、董仲舒德育思想的理论依据　110

三、董仲舒德育思想的主要内容　113

四、董仲舒德育思想的评价　120

第八章　柳宗元德育思想………………………………… 126

一、柳宗元德育思想形成的背景　126

二、柳宗元的德育思想　128

三、柳宗元德育思想的当代意义　133

第九章　朱熹德育思想 …………………………… **140**
一、朱熹德育思想形成的背景　140
二、朱熹德育思想的理论体系　145
三、朱熹德育思想研究的当代价值　155

第十章　张载德育思想 …………………………… **163**
一、张载德育思想的形成、发展与哲学基础　167
二、张载德育思想的内容　168
三、张载德育思想的实现途径　176
四、张载德育思想的当代价值　178

第十一章　陈亮、叶适德育思想 …………………………… **184**
一、陈亮、叶适德育思想的历史背景与理论基础　185
二、陈亮、叶适德育思想内容及评价　189
三、陈亮、叶适德育思想的当代意义　194

第十二章　颜元的德育思想 …………………………… **201**
一、颜元德育思想产生的背景　202
二、颜元的德育思想体系　206
三、颜元的德育思想对大学生思想政治教育方法的启示　213

第十三章　王阳明德育思想 …………………………… **219**
一、王阳明德育思想的形成和发展　222
二、王阳明德育思想的内容　227
三、王阳明德育思想的当代价值研究　231

第十四章 王夫之的德育思想 ……………………………………… 237
一、王夫之德育思想形成的时代背景 237
二、王夫之德育思想的主要观点 240
三、王夫之德育思想在当代教育中的指导意义 247

第一章 老子德育思想

一、老子德育思想的形成

社会存在决定社会意识,"观念的东西不外是移入人的头脑并在人的头脑中改造过的物质的东西而已"[1]。老子德育思想是在特定的社会背景下形成的,研究老子的德育思想,务必要回到老子所处的时代背景中去。

(一)老子德育思想形成的社会背景

老子是我国春秋时期伟大的哲学家、思想家,道家学派的创始人。关于老子的生平的记载,学界认为《史记·老子列传》中的是目前最为可靠的,"老子,楚苦县厉乡曲仁里人也,姓李氏,名耳,字聃,周守藏室之史也……"[2]。老子唯一的传世之作是《道德经》,《道德经》又名《老子》,在这本书中我们可以窥探到老子的德育思想。老子身处社会大变革的春秋时期,其思想产生于社会经济变革、政治局势动荡、文化蓬勃发展的社会背景。

1. 社会经济变革

"老子所处的春秋时期是一个动荡不息、战乱不止的时代,中国古代社会正经历着巨大而深刻的变革,变革的动力源于社会经济领域。"[3]春秋末期是奴隶制经济向封建经济过渡的历史时期,铁具牛耕的出现和使用,极大地促进了农业生产力的发展,生产工具的进步使大量荒地被开垦成私田,土地私有化程度提高,新兴地主阶级开始出现,土地经营开始采用收取租税的方式,原来的井田制逐渐崩溃。马克思说:"一切以往的道德论归根到底都是当时的社会经济状况的产物。"[4]社会生产力的发展带来的土地制度变革,从根本上涉及了社会各阶级、阶层的利益,老子身处其中,作为没落奴隶主阶级的利益代表,提出了自己的治世思想。

2. 政治局势动荡

春秋末期,社会经济的巨大变革引起了政治局势的剧烈动荡,随着井田制的逐步瓦解,宗法分封制遭受破坏,周天子失去"天下共主"的地位,各诸侯国夺权争地,矛盾尖锐,战争纷乱,传统的礼治秩序遭受冲击,呈现出礼崩乐坏的局面,政治局势动荡不安。面对动荡不安与战乱不止的社会状况,"社会上的有识之士不能不对人生、对社会做深层的思考,道家思想流就在静观世变的士人中产生"[5]。老子目睹了王室衰微、列国纷争、天下无道的社会状况,痛惜社会变革下,流离失所、痛苦不堪的无辜百姓,同时对社会上兴起的崇尚功利的风气感到不满。这一切促使老子找寻治世之道。政治局势与战争的复杂性和惨烈性,激发了老子对纯真社会和美好人性的向往,这就为老子的德育思想奠定了基本的走向。

3. 文化蓬勃发展

一个社会的经济和政治状况从根本上决定着这个社会的文化状况,但在特殊的社会历史条件下,文化的发展与社会经济、政治的发展状况并不完全同步,文化发展表现出相对独立性。春秋末期,社会政治局势的动荡不安，使文化呈现出多元与无序状态，思想文化进入空前繁荣的时期。社会等级和统治秩序的崩坏使礼乐制度再也难以为继，"礼崩乐坏"成为当时社会的真实写照。在社会大变革局面下，没有统一的治世思想，统治阶级为了维护自身的统治地位，迫切需要在士人阶层中寻找能支撑自身统治的力量；同时，社会大变革也激起了人们对社会现状的思索，进而寻找治世之道。在这样的现实状况下，众多学派林立，纷纷代表各自阶级的利益著书立说，宣传治世主张，出现了"诸子百家"各操术业，百舸争流、并驱争先的景象，学术界千岩竞秀、万壑争流，文化繁荣，思想活跃，出现了"百家争鸣、百花齐放"的繁荣局面。

（二）老子德育思想的理论建构基础

1. 老子的"道"论

"道"是老子思想的核心，是哲学的重要范畴，关于"道"的含义解读，熊铁基先生做了比较全面的总结，其言："《老子》的'道'，首先是作为天地万物的根源，其次是讲事物发展的规律，再次就是指生活的准则，属于伦理道德的范围……"[6]老子言："道生一，一生二，二生三，三生万物。"[7]（《道德经·四十二章》）"人法地，地法天，天法道，道法自然。"（二十五章）"道"生万物，是万物的本源及运行规律；"道"是形而上的，具有抽象性，"道可道，非常道"（《道德经·第一章》）。永恒不变的"道"无法用语言来描述，"道之为物，惟恍惟惚"（二十一章）。"道"恍惚不清、无形无相、混沌复杂。"道冲，而用之或不盈。"（四章）虽然"道"是虚空无形的，但它却无时无处不在发生作用。由此可见，老子的"道"很是渊深，广袤无垠，不露锋芒。"道"涵盖自然万物和社会人生，幽隐虚无却又实际存在。老子的德育思想理论以极为抽象的"道"为基础，追求

"人自在天然的一种状态,这种状态之下的人们应该顺应天性,而非强制性地遵从其他理性确切的指令和外在规范"[8]。

2. 老子的"德"论

"德"是仅次于"道"的重要范畴,指具有"道"赋予的自然本性的品性和德行。老子言:"道生之,德畜之。"(五十一章)道孕育了万物,而德涵养了万物,万物因"道"而生,因"德"而受尊重,因此,必须"尊道贵德"。德又分为上德、下德、玄德,上德是指合乎道的精神的德,下德是人为的外在故意表现的德,具有虚伪性和表面性。"上德不德,是以有德;下德不失德,是以无德。"(三十八章)在老子看来,上德不表现为形式上的德,是实际上的有德;下德故意表现为外在的不失德,实际上是无德,上德顺其自然而不故意作为,下德装着自然而有心作为。"上德是忘己的无私的,遵循自然的规律行动,而下德却是有意去做成某件事,常与人的私利相关。"[9]在德的境界中,最为深远的德是"玄德","玄德是一种高度抽象的道德"[10],其也称为"上上德","生而不有,为而不恃,长而不宰,是谓玄德",强调为人处世少私利多奉献。对于"道"和"德"的关系,老子强调:"孔德之容,惟道是从。"(二十一章)最为高尚的德是遵从于"道"的,有德是得道的体现,高尚的德行需要通过修身去实现。

3. 老子的"自然人性论"

"所谓人性,是指人出生后没有经过任何人工改造(即人为教育)的本性。"[11]对人性问题的不同看法会影响人们对社会、人生问题的根本看法,从而深刻影响其思想道德教育观念。对老子人性论的问题,学界存在多种解读:张松辉先生认为老子主张人性善,虞祖尧先生认为:"老子主张人的本性是有欲、有私、贪财货的。"[12]姜国柱则指出

"老子主张自然人性论"。[13]学界对老子人性论的问题存在着分歧的原因是老子没有对人性论问题做出直接阐述,没有明确区分人性的善与恶。但是,我们可以从《老子》的字里行间窥见老子对人性的描绘。老子认为人的最初本性是纯朴自然的,是无私、守柔、不争、谦卑的,所以,老子主张:"夫物芸芸,各复归其根。"(《道德经·第十六章》)即"人性复归自然"。由此,老子的"自然人性论"强调的是人最初的淳朴的自然本性状态,并非指大自然。

二、老子的德育思想体系

老子强调修德要遵从于"道",辅万物之自然而不可为,即遵从德育对象的身心发展规律,通过有道的教化,使其复归本真德行。老子由"道法自然"延伸到"德法自然",强调尊"道"以修德,主张以"归真"为德育目标,以"静笃谦下"为德育内容,以"希言"为德育方法。

(一)"归真"的德育目标

1. 比于赤子

"含德之厚,比于赤子。"(五十五章)在老子看来,德行最为深厚的人,就像天真无邪的孩子一样纯朴自然。比于赤子作为个人德行修养的最高境界追求,渴望培育人的一种无贪婪、无私心杂念的心性,追求人的纯朴至真状态,强调返璞归真。这种"抱朴归一"的理念追求倡导人性的质朴无华,要求从思想上杜绝人过多的贪欲,抵御物欲诱惑,老子言:"塞其兑,闭其门","济其事"(五十二章),指出塞住人性奢欲的孔隙和门径,少想名利得失之事,从人性的私欲上去除人与人、人与自我内心的物欲斗争,复归纯朴本真。但这种"返本归真"并不是要求回到无知无欲的状态,也不是愚民和消极遁世思想,而是强调内在德行的修养,是通过提升德育对象思想境界达到对社会人事的"玄通",通过内省找到内心的清净明亮,从而拥有善良、赤诚的心性。"赤子之德"是老子的道德追求的最高境界和目标。

2. 致虚守静

"致虚极,守静笃。"(第十六章)老子在德行修养上追求一种致虚守静的恬淡心境,他认为只有使心灵空明虚寂,让生活清静闲适,才能更好地观察蓬勃生长的万物和洞察社会人生的百态,进而明白万物生死循环的道理和立足社会人生的法则,在纷纷芸芸的天下万物中涵容一切。老子的"静"是一种复归人性本真的自然状态,其强调个体的潜隐修养。老子认为,内心清静可以克服躁动,人之本性是虚空寂静、自然纯朴的,但人在后天社会名利权势的驱动下,会变得心志浮躁、冲动妄为,所以,道德教育需要"涤除玄览",洗去个人的贪欲杂念,使其聚敛心智,不外逐于物,实现心灵的明澈透亮,感受社会人生的价值和意义。就本质而言,致虚守静是强调让德育对象凝练内在心性,净化心灵,排除心理障碍,拥有明达的心境。

3. 返璞归真

"返璞归真"的落脚点是"归真",而"真"放在社会人性的层面,是指人纯朴的自然本真之性,其用意在于呼吁人重德向善。老子主张人应当保持纯洁朴实的心性,去除世俗人为的做作,一个道德高尚的人应当是光明磊落、诚实可靠、赤诚善良的人。返璞归真反映了老子思想中超功利的道德追求,其主张人性的自然表露,崇尚自然恬淡,反对外在的华饰与人为雕琢。清心寡欲、重德向善是达到返璞归真的重要途径。在社会物质文明高度发达的当下,有太多的人钩心斗角、尔虞我诈,有太多的人在社会权势、名利的旋涡中无法自拔,也有太多的人为了林林总总的物质欲望丢弃了人性的真和善,老子纯真质朴的道德追求显得尤为可贵。

(二)"静笃谦下"的德育内容

1."贵柔不争,轻名淡利"

老子首先强调柔弱居上,"不争"便无人能争,他认为:"强大处下,柔弱处上。"(七十六章)在老子看来,强大往往处于劣势,相反,"柔弱"则处于优势,"柔弱"能攻克坚硬,老子用水以喻柔弱,认为天下最柔弱的东西莫过于水,而攻坚强者莫能胜之,所以,老子认为要学会适当示弱,不能过于强硬,野蛮冲撞。老子主张的"柔弱"并不是软弱和屈从,而是强调处世的灵活性。老子又言:"以其不争,故天下莫能与之争。"(六十六章)老子的"处柔不争"是一种德行修养,"不争"并不是与世无争,而是强调不能一味争强好胜,要学会甘居下位,为人处世懂得谦下退让,强调培养人谦卑的品质。而对于名利,老子则言:"金玉满堂,莫之能守;富贵而骄,自遗其咎。"(九章)其坦言,人生一世,谁也不能长久守住金玉满堂,而富贵骄纵会让人变得堕落,老子强调对于名利,要有清澈透明的心态,顺其自然,淡然而宁静,树立正确的名利观。

2."崇简寡欲,为而不恃"

老子言:"五色令人目盲,五音令人耳聋,五味令人口爽……"(十二章)老子用"五色""五音""五味"来描述绚丽的颜色使人眼花缭乱、嘈杂的音调有损人的听觉、可口的食物易败坏人的口味,告诫人们要学会抵御外物诱惑,不可一味贪图享乐,过多地沉溺于物质享受。无节制的贪欲会使人产生自我疏离感,过多充满声色欲望的贪图享受会致使人走向堕落消沉,甚至是灭亡,所以,要崇简寡欲,保持内心的清静。"持而盈之,不如其已……功遂身退,天之道也。"(九章)老子认为世间事,满则溢,利则钝,功成名就之时,要含蓄收敛，急流勇退，教育人们要懂得功成身退。大千世界，芸芸众生，谁不追名逐利、倾慕荣华；而能做到心如止水、超然外物者恐怕寥若晨星。人的欲望是无穷尽的，"唯有道者，是以圣人为而不恃，功成而不处"（七十七章）。德行修养要注重不自恃功高、不居功自傲，追求名利要适度。

3."慈善信，贵自知"

首先，老子把慈爱作为他处世修身要持有而珍重的"三宝"之一，在《道德经》中写有：我有三宝，持而保之。一曰慈，二曰俭，三曰不敢为天下先。老子倡导要怜爱万物和社会个体，怀有一颗慈爱之心。其次，老子还要求为人处世要秉承善的理念，认为"上善若水"，有利万物而不争，老子主张的善是一种不带亲疏、名利的善，"善者，吾善之；不善者，吾亦善之"（四十九章）。再次，老子强调："言善信。"（八章）教导人们要说真话，讲信用。最后，老子还强调道德个体贵在自知，"知人者智，自知者明"（三十三章）。能够了解别人的人是有智慧的，能够认识自己的人才是高明的，所以，每个人都需要正确认识自己，在德育过程中要使德育对象学会正确认识自己，反省自己，找准自己的定位。

（三）尊"道"的德育原则

1."道法自然"

"道"作为老子思想的精髓所在，涵盖了自然、社会和人的道德伦理范畴，世间一切事物皆蕴含和体现着"道"，"道法自然"是老子"道"的基本特征，其言："人法地，地法天，天法道，道法自然。"（二十五章）"道法自然"既指事物遵循其自身的规律去发展，也指"道"是世间万物效法和遵从的对象，这里的"自然"指的是规律和"道"本身。"道法自然"在社会伦理道德中的落脚点是"德法自然",放在德育中来解读就是指德育发展应该遵循的规律,它包含了德育发展的全部内容。由"道法自然"到"德法自然",体现了老子以"道"为统率的德育思想所具有的人性关怀,这既是老子德育思想的切入点,也是老子的德育思想精神应有的时代内涵。

2."尊道贵德"

老子强调道德教化要遵从"道",其言:"道生之,德畜之,物形之,势成之。"(五十一章)道生万物,德养万物,万物尊道以修德,因德而显道,道与德相辅相成涵养了世间万物,"德是'道'外在的表现,无形无迹的'道'显现于物或作用于物是为德,'道'是体,德是用"。[14]老子认为道德个体要遵从道才能够积累深厚的德行,道作为天地万物的本原和事物发展的规律,也是修德必须遵从的原则,老子以是否遵从道为依据将德划分为不同的层次,可见,老子的德育思想中尊道是修德的途径和原则。

3."抱朴守一"

老子主张人应当保持纯洁、朴实的本性,德育在于培养人的淳朴德行,"抱朴守一"的"一"指的是"道",强调遵从"道"的规律培育道德个体自然、朴实的真我本性。"道常无名,朴。"(三十二章)在老子的思想中,"朴"是"道"的重要特点,朴的品质是老子追求的理想人格,他认为个体修德,应该"处其实,不居其华"(三十八章),强调做人不能浅薄浮华,要做到质朴本真,不矫揉造作,在老子看来,质朴是符合自然之道的高尚品格。而在当代,面对物质文明高度发展中的浮华,同样需要培育人朴素的本性和优良的世风。

(四)"希言"的德育方法

1."希言自然"

"希言"即少言,少言并不是不说话,老子认为在道德教化的过程中，德育者不能只是一味地言说道德理论，而要注重德育对象的自我思悟和实践。老子的德育方法注重"无为自化"，他主张通过营造情境氛围来引导德育对象，发挥德育对象道德认知的自主性，培育德育对象的道德情感，使其达到自我内化的效果。德育者一味地发号施令和进行理论灌输会引起德育对象的反感和抵触情绪，道德规范难以被接受，也难以形成科学的道德信念和价值观，这种单向的德育方式并不能产生良好的德育效果。道德是对社会价值标准的认同，其首先是道德个体自我的接受和服从，是自觉、自愿地参与和施行。而自我的道德自觉和自愿，并不会来源于制度和组织的压迫与限制，只能来自个体心理的信念与情感。[15]

2. 行"不言之教"

在"希言"的道德教化理念下，老子主张："善行无辙迹，善言无瑕谪"（二十七章）；"处无为之事，行不言之教"（二章）。"行不言之教"是老子"希言"的德育方法的经典概括，其强调德育者在德育过程中要注重德育方法的潜隐性和实践性，反对单一的道德理论灌输。"不言之教"主要具有以下几个特点：第一，要求德育者统筹德育的各项要素，营造自然的德育情境氛围，使德育对象在自然而轻松的氛围中潜移默化地受到影响，避免单向的道德理论"尬说"现象。第二，重视德育对象的自我教育，强调德育对象在德育过程中的主体性。第三，注重"双向"的道德实践。一方面，对于德育者而言，"'不言之教'类似于今天说的身教。该做什么，不该做什么，圣人不必说，身体力行就可以"[16]。德育者要少说教多"以身传教"，为德育对象树立榜样，在无声中把德育内容呈现给德育对象，以达到"无言自化"的德育效果；另一方面，"不言之教"要求德育对象在实践中自觉主动去感悟道德真谛。

三、老子德育思想的当代价值

老子的德育思想是我国传统德育精神的重要组成部分，对于当代德育实践的发展和社会主义和谐社会的建设具有重要的借鉴意义。老子精妙玄通的思想理论不仅对当代德育发展有着鲜明的启示，而且深刻地揭示了自然、社会以及个人自我内心之间的辩证关系。

（一）老子德育思想对当代德育的启示

1. 树立自主性德育意识，发展自主性德育

自主性德育是德育对象自我内化和外化的发展过程，是一种自我教育、自我发展的方式。老子的德育思想强调德育对象在德育过程中的"内省"和"自化"，重视德育对象道德自主性的培养，主张充分发挥德育对象在德育过程中的主动性和创造性。"德育过程既是教育者按照社会要求积极组织实施教育的过程，也是受教育者基于自身的内在需要，通过自己的积极活动，能动地选择接受教育的影响，同时进行自我教育的过程。"[17]传统德育方式主要是教育者对德育对象进行道德理论灌输，告诉其什么该做、该说和什么不能做、不能说，这种方式只是单向的理论传输，没有充分发挥德育对象主体性和能动作用，德育效果并不理想。随着社会的发展和时代的进步，人们的主体意识越来越强，如何突破传统德育方式的弊端成为当代德育发展不得不思考的重要问题。马克思主义强调人始终是社会的主体，"我们不是从人们所说的……思考出来的、设想出来的、想象出来的人出发，去理解有血有肉的人。我们的出发点是从事实际活动的人"[18]。当代德育必须重视个体自主性德育意识的培育和养成，而不能只依靠单一的外在道德理论灌输与干预。

2. 营造有效的德育环境，施行隐性德育方法

苏霍姆林斯基强调："教育者的教育意图越是隐蔽，就越是能为教育对象所接受，就越能转化为教育对象自己的内心要求。"[19]在当前的德育工作中，过于有意识的、机械的说教，很大程度上僵化了德育方式，收效也甚微。要想突破德育方式僵化的理论灌输困境，就需要努力改进和创新德育方法，提高德育工作的实效性，实施隐性的德育方法。老子"希言"的德育方式要求教育者施行"不言之教"，反对一味直白的、强制性的外在道德理论说教，要求以浅隐的道德教化方式来施行德育，使德育内容隐藏于德育行为中，让德育对象在自然而不刻意的状态中去认知、体验和反省，从而自然而然地受到道德教化。在新时代的德育形势下，隐性的德育意图和方法能使德育对象的人格和个性得到充分的尊重，使其在潜移默化中接受正向的价值观念，减少抵触和反感的情绪。隐性化的德育方式作为一种德育途径，是适应德育对象思想发展自主性、选择性增强的需要，更是使德育理论与实践相联系的需要。德育方法隐性化，并不是完全地反对和否定德育理论说教法的使用，而是强调把传统的道德理论灌输与隐性的德育方式相结合，使二者有机渗透和补充，让道德思想内容自然地渗透到德育过程中，实现灌输式德育方式的间接化、隐性化、氛围化。

3. 唱响道德价值主旋律，加强社会核心价值观教育

老子言："归根曰静。"（十六章）随着社会主义市场经济的深入发展和各种思想文化的碰撞，道德个体的价值选择呈现出多样性，这就需要唱响社会核心价值观的主旋律，为人们的道德价值理念正确导航，确立顺应社会主导价值追求的道德价值取向是德育发展的内在要求。习近平同志强调："核心价值观，其实就是一种德，既是个人的德，也是一种大德，是国家的德、社会的德。"[20]核心价值观体现着社

会评判是非曲直的道德价值标准，承载着一个民族和国家的精神追求，对社会道德建设具有基础性、全局性、战略性意义。传承着我国优秀文化基因、寄托着中华民族理想信念的"二十四字"核心价值观作为我国社会核心价值观的深刻阐述，承载着社会和个人的美好愿景，凝聚着社会道德价值的共同追求。我们必须以社会主义核心价值观为道德价值引领，使德育对象在心中牢固树立正确的道德理想信念和价值准则，发挥凝聚道德共识、引领道德风尚和规范道德行为的作用。

（二）老子德育思想对构建社会主义和谐社会的启示

1. 实现人与自然关系的和谐

老子云："万物负阴而抱阳，冲气以为和。"（四十二章）万物由阴阳交互激荡而产生，具有和谐相关性。"人法地，地法天，天法道，道法自然。"（二十五章）天、地、人、"道"构成了统一的和谐整体，人应该遵从自然规律，尊重自然、善待自然、保护自然，"老子的思想给我们描绘了合理利用自然资源、保护自然环境、防止生态污染、人与自然和谐发展的蓝图"[21]。在当代，人与自然关系的和谐是实现美丽中国梦的必然要求，推进美丽中国的建设要坚持绿色、可持续发展。党的十九大报告指出："人与自然是生命共同体，人类必须尊重自然，顺应自然。"[22]实现人与自然的和谐发展是新时代构建社会主义和谐社会的题中之义和要求，从道德建构途径来看，实现人与自然关系的和谐需要秉承"道法自然"的生态智慧，构建新时代"人与自然命运共同体"生态道德体系，牢固树立新时代社会主义生态文明观。

2. 实现人与人之间关系的和谐

"执大象，天下往。往而不害，安平泰。"（三十五章）老子主张施行大道于天下,使众人相交而无害,社会方能安泰和谐;"和也者,天下之达道也"(《中庸·第一章》),天下有道在于"和",人与人之间的和谐在于相交有"道"。那么,实现人与人之间和谐相交之道的关键是什么?马克思曾说人与人之间的矛盾归根到底是利益的矛盾,处理好利益关系是实现人与人关系和谐的关键,所以,面对权势名利的纷争,老子认为,首先,要懂得"谦下不争";其次,正如老子所言"上善若水,水利万物而不争",善是人与人之间相处最大的暖意,要怀有善良之心;再次,"慈善信"以待之,除了拥有仁慈、善良的心,还要讲诚信;最后,要有涵容人和事的肚量和心胸,"海纳百川,有容乃大",讲"恕道",懂宽容,以德报怨,谦卑待人,这些在老子看来都是实现人与人之间关系和谐的相处之"道"。在今天,要实现人与人之间关系的和谐除了实现物质分配上的公平,诚信、善良、仁爱也是实现社会和谐必需的积极思想因素。

3. 实现个人内心的和谐

内心和谐是人的情感认知和意志等个体内部心理因素协调一致的状态,这种协调状态表现为个体的认知健全、心态平和、情绪稳定、幸福感强、自我控制和调节能力强。要实现个人内心的和谐,需要处理好主观与客观之间的关系,处理好面对利益、欲望、纷争、人性等伦理道德问题时的现实抉择。"每个人自身心态平和、清静、朴实、自然、不浮躁、少功利,这样自身的和谐就形成了。"[23]老子认为"修身"是实现内心和谐的途径:"致虚极,守静笃"(十六章);"见素抱朴,少私寡欲"(十八章);"为而不恃,利而不害";"知足之足,常足矣"。(四十六章)实现个人内心的和谐,关键在于正确对待社会、人生的权势、名利和物欲,需要控制个人欲望、正确对待名利竞争,减少名利欲望带来的焦虑、浮躁以及挫败和抑郁感;避免孤独、困窘、失落、空虚的精神迷惘；乐于平淡，知足常乐，淡然宁静，"返璞归真"，营造心理的和谐状态。

参考文献

[1] 马克思，恩格斯.马克思恩格斯选集（第2卷）[M].北京：人民出版社，1995：112.

[2] 陈剑.老子译注[M].上海：上海古籍出版社，2016：1.

[3] 陈鼓应，白奚.老子评传[M].南京：南京大学出版社，2001：62.

[4] 马克思，恩格斯.马克思恩格斯选集（第3卷）[M].北京：人民出版社，1995：134.

[5] 张世欣.中国古代思想道德教育史[M].杭州：浙江大学出版社，2010（9）：105.

[6] 熊铁基.中国老学史[M].福州：福建人民出版社，1995：29.

[7] 任犀然.全解道德经[M].北京：中国华侨出版社，2014（1）：131.

[8] 张有龙.老子"道"论及对现代教育价值取向的启示[J].文山师范高等专科学校学报，2006（3）：23.

[9] 杨龙.老子玄德思想对中国当代道德教育的意义[D].长沙：湖南师范大学，2016：19.

[10] 杨菊兰.老子《道德经》中的教育思想研究[D].哈尔滨：黑龙江大学，2017：26.

[11] 张松辉.老子研究[M].北京：人民出版社，2009：104.

[12] 潘承烈，虞祖尧，等.中国古代管理思想之今论[M].北京：中国人民大学出版社，2001：7.

[13] 姜国柱,朱蔡菊.中国历史上的人性论 [M].北京：中国社会科学出版社,1989：28.

[14] 宋晶.老子德育思想及其现代价值 [D].武汉：华中师范大学,2005：23.

[15] 鲍桑葵.关于国家的哲学理论 [M].汪淑译.北京：商务印书馆,1996：142.

[16] 宋晶.老子德育思想对当代德育实践的价值 [J].郧阳师范高等专科学校学报,2006（10）：168.

[17] 陈成文.思想政治教育学 [M].长沙：湖南师范大学出版社,2007：245.

[18] 马克思,恩格斯.马克思恩格斯选集（第1卷）[M].北京：人民出版社,1995：73.

[19] 姚琳.高校思想政治教育视阈下的无意识教育研究 [D].南京：南京财经大学,2012：37.

[20] 习近平.习近平谈治国理政 [M].北京：外文出版社,2014：163.

[21] 李健.论老子的和谐思想对构建社会主义和谐社会的启示 [J].湖北经济学院学报,2009（6）：6.

[22] 习近平.决胜全面建成小康社会夺取新时代中国特色社会主义伟大胜利——习近平在中国共产党第十九次全国代表大会上的报告 [N].人民日报,2017-10-19.

[23] 谢先江.以人的和谐促进社会和谐 [N].湖南日报,2014-5-16.

第二章 孔子德育思想

一、孔子德育思想产生的背景

"知人论事"是我们研究历史人物以及他的思想时应该遵循的基本原则,因此,在探索孔子德育学说的时候,必须联系他当时身处的环境,通过透彻地剖析孔子所处的社会和家庭境况,才能更清晰明了地理解孔子的德育学说。

(一)孔子德育思想产生的社会背景

春秋战国之际,由于生产力的突飞猛进和政治经济领域的重大变革,不可避免地引起社会意识形态方面的重大变化[1],这些变化都为孔子思想的形成奠定了重要的基础。

1. 经济环境

劳动工具的变革,是生产力发展的典型代表。春秋时期,金属工具的广泛应用使生产率得到快速提升。人们不仅学会了如何使用青铜农具,而且开始学会使用铁铸造农具并将其运用到农业生产中去。铸铁水平的提高,意味着铁制农具耕种时代的到来。到战国晚期,铁制农具在农业劳动中发挥着极大的作用,使得农业生产率得到进一步提升，同时促进农业用具朝着新的方向发展。

牢固、轻巧、锋利的金属农具，使大范围开荒耕种成为现实，同时，也促使了水利工程的兴修和农业文明的发展。在春秋之前，牛要么被用来作祭祀用的供品，要么被用来拉车或者载运货物，而在春秋时期，牛逐渐被用来耕地。也因为牛的广泛应用，耕田的方法由人耕变为犁耕，这大大节省了劳动力，也提升了劳动者在农业中的地位。

生产力的发展促进了经济的发展，这使那些经济条件稍微优越的人有了学习的意向，为孔子创立私学，竭力发展教育奠定了经济基础。

2. 政治环境

春秋时期，国家社会秩序不稳，百姓处于惴惴不安的状态中。孔子认为这种现状是由"礼崩乐坏"造成的，为此他忧虑不已，希望能回到以前"天下有道"的局势，国家安定，百姓幸福安康。但正是由于政局的不稳才使他的德育思想有了新的思考方向。

（1）王权衰落和诸侯争霸的混乱局面

西周时是"礼乐征伐自天子出"，天子对诸侯有生杀予夺的权力[2]，但春秋之际的天子不但控制不了诸侯，反而受到诸侯的欺压。

西周时期封了大量的王侯，最初他们处在互不相连的地方，王侯和王侯的联系不会那么频繁。随着经济的发展，人口的增加，各诸侯国纷纷拓宽疆土，这时候就出现了强与弱的对立，不少强国开始吞并弱国，然后又去争夺霸权，同时打着"尊崇皇室"的幌子，表面上看是尊重周天子，事实上只是为了巩固自己的地位。

（2）"礼崩乐坏"的社会变化

春秋时期，由于政治领域发生了重大变化，作为奴隶制时代上层建筑的典型代表"礼"与"乐"也发生了重大变化，出现了衰败的趋势，本有的社会功能很难再发挥出来。同时社会生活中的种种表现也一清二楚地揭示了当时混乱的根源在于"不通礼义之旨"。在春秋后期，人们对"礼"的僭越已是见怪不怪了。

3. 文化环境

春秋时期官学下移，私人讲学成为风尚，是孔子德育思想产生的重要文化背景[3]。以前，学在官府，教育为上层阶级所操纵，受教育的大多为权贵子弟，布衣子弟没有受教育权利。到了春秋之际，周天子的统治地位下降，官学衰落，"学在官府"被冲破。同时，各诸侯为了扩大自己的势力，争夺霸权地位，也需要一种新的办学形式来满足他们对人才的需求，这些都为私学的兴起创造了良好的条件。

孔子是鲁国人，而鲁国推崇的是周朝的文化制度，强调礼乐教化，孔子自小就对周礼有一定的接触，随着年龄的增长，他对周礼的感触越来越深，以至于在后来的生活中，他的一言一行都是严格按照周礼来的，并把实现以"礼仪制度"为上层建筑的社会当作自己的奋斗目标。所以，周朝的礼仪制度是孔子思想形成的又一个文化环境。

（二）孔子德育思想形成的家庭背景

孔子家庭境况对其思想的影响颇深，主要有两点：一是孔子出身于没落的贵族家庭，但幼年丧父，生活清贫，多与粗鄙之人交往对他产生了重大影响；二是孔子母亲对他的熏陶。因为处于社会的最底端，与他交往的当然也都是处于社会底端的人，通过和他们的接触，了解他们的需要，孔子明白了一个道理：若要成为上层社会的人，一定要学会善待社会底层的人民。所以孔子的德育思想有很大一部分都考虑到了下层人民，如开办学堂，接收平民子弟等。

孔子很小的时候，他的父亲就离开了他，没有父亲的支撑，家里十分贫穷，但即便如此，他的母亲颜氏仍然想要供孔子去学堂念书，她把家里所有能换钱的东西都典当了，只为了给孔子提供一个良好的学习氛围，希望孔子将来有所成就。颜征坚忍而又顽强、贫困却不失志气的品性潜移默化地影响着孔子，这也是孔子十分喜欢他母亲的缘由，除此以外，在平时的与人来往中，她不会因为自己生活艰辛而不去帮助别人，永远待人真诚、友善，同情弱者，怜悯他人，怀有仁德之心，这些无不感染着孔子，成为孔子以"仁"为核心的德育思想的基础。

令人痛惜的是，十几年后他的母亲也去世了。父母的离世，以及生活中的种种磨砺使他在很小的时候就学会了独自面对生活中的困难，养成了坚忍不拔的品格。由此看出，孔子特殊的家庭背景和少年时的遭遇与孔子德育思想的形成有着密不可分的关系[4]。

二、孔子德育的目标与内容

（一）孔子道德教育的目标

孔子十分重视对弟子们理想人格的培养，通过设定高于寻常人的人格标准，引导他们努力实现自己的德育目标，从而培育出众多品德高尚的人。孔子认为最理想的人格是圣人人格，圣人人格是孔子理想人格中的最高境界，也是孔子德育思想的终极目标[5]。

1. 现实目标：君子品格，道德高尚

孔子德育思想的目的之一是为国家培育品德高尚、能施行德政的仁人。他非常看重人的道德品质，认为仁德是从政的前提，主张教育为政治发展服务。

在孔子看来，要想成为一名志士仁人，必须从道德和学术两方面入手：一方面要正身清心，提升自己的道德水平，形成良好的性格；另一方面要不断探索新知识，培养才干，提升治国兴邦的本领。同时正身清心和提升学术是相得益彰的，必须把它们两个结合起来，不能忽略其中的任一个。

孔子重视政治人才的培养，客观上适应了春秋大变革时期新兴士阶层发展的需要，促进了社会的发展，文化的传播[6]，但孔子的这些做法在今天仍然值得我们借鉴。

2. 终极目标：圣人品格，流传千古

塑造"圣人"人格是儒家道德教育的最高目标[7]。"圣人"又被称为"内圣外王"，是孔子提出的做人所要追求的终极目标。要达到圣人的层次，必须具备两个基本条件：一是内在修心要达到崇高的境地，并且其品德要能成为人人学习的榜样；二是在外能安国兴邦，死后能受万人敬仰。

孔子从不自称圣人，因为在他看来，只有神圣和高尚的人才能称得上"圣人"，而自己距离"圣人"还有着很大的距离。既是如此，"圣人"便成为人们对美好人格的憧憬，也成为儒家弟子终身追求的理想。

（二）孔子德育思想的基本内容

孔子用大半生的教学经验总结出了一套以"仁"为核心，以"礼"为外在表现形式的德育学说，他的学说内容丰富、体系完备，对我们进行素质教育有着重要的借鉴意义。

1. 仁

"仁"是孔子思想的核心，是一个人品德素养的最高境地，也是处理人际关系的根本准则，孔子思想的其他部分都是在"仁"的基础上展开的。"泛爱众，而亲仁。"由此可知，孔子希望每个人都能怀有一颗爱人之心。

要寻求最高的德，就要以"仁"为核心，孔子认为，小人和君子的区别就在于其品格的高低，而塑造品格的主要途径是人自觉地向理想人格靠拢，完善的品格是在不断地积累和品德培养的双重作用下形成的。"仁远乎哉？我欲仁，斯仁至矣。"[8]也就是说，孔子虽然强调仁爱是一种高尚的道德标准，但是并不是不能达到的，要相信心诚则灵，只要我们足够努力，就可以逐步接近"仁"，最终成为仁者。

2. 礼

"不学礼，无以立"是孔子提出的一个重要观点，强调"礼"的重要性。[9]"礼"在孔子学说中占有非常重要的地位，它是孔子道德学说的修养准则，是人与人和睦相处的要素之一，是仁爱学说在现实生活中的具体实践。礼的维度很宽，上到各种伦理规范，下到我们日常生活中的各种行为准则，所以在我们身边处处都能感受到礼的存在。

孔子生活在动荡的年代，所以他极其想要恢复礼制，并且一生都在为此奋斗，但是说是恢复，实际上是建立一种新的制度。

孔子德育学说的目标是通过礼来使人们的行为合乎标准，最终使它成为每一个人都能自觉恪守的行为信条。在社会这个大环境中，如果不用一种规范来约束人们，就没有什么秩序可言，进而整个社会就会混乱不堪；同时我们还要学会以礼待人。在社会交往中，要是每个人都能以礼相待，那么人与人之间的矛盾就会少很多，这个社会也会变得一片祥和。

3. 信

在孔子看来，"信"是心口如一的伦理常规，是一种普遍的东西，它能将我们生活中的各个部分联系起来，离开了"信"，孔子德育思想的其他内容就无从谈起，就会成为无源之水、无本之木。

"信"就是不失言于人，不欺人、守诺言，是全心全意履行和实践一个人的诺言。[10]同时，它也是德治的重要内容之一。孔子把品德与政治联系起来，不仅强调"信"是施行仁政的首要前提，而且提倡

"以德为政"的理论。孔子指出,只有统治者和民众都讲信用,这个国家才会长久发展下去。

4. 忠恕

"忠恕之道"是孔子的重要思想之一,也是我们解决人和人相处的基本标准。依据自己的内心信念,思考什么是对错,什么是良知,自己的底线是什么?经常对自己提问这些问题,努力做好自己该做的事情,这就是"忠"。而"恕"就是将心比心,不把自己不乐意做的事情推给他人,要能推己及人地为他人考虑。于丹说过这样一句话,"由自己心灵出发,抵达他人心灵,这就找着自己跟他人相处的途径了。"[11]所以我们应该试着放下芥蒂,用心去与人相处,以我之真心换他人真心。

在今天,"忠"这个字也不会过时。真正的忠诚,并不是一个标准、一种形式,而是一种内心信念。一个人只有真正地把"忠"这个字放到自己内心,他才会用心去做事,用心去对待一切。人人都有忠诚的话,那么这个世界就不会有欺骗了,就会处处充满阳光,这也是我们每个人所追求的一份美好。

5. 孝悌

孔子的"孝悌"包括两点:一是指"能养",即在大多数情况下,当子女没有经济来源时,父母应养育他们成人直至有生活能力,同时当父母年迈时,作为子女必须赡养他们。这是没有明文规定但却深深刻在每个人心中的,是符合社会发展要求的,也是我们从小到大所要经历的一个必然过程;二是指"能敬养","孝悌"不仅包括养,孔子更强调的是"敬养","敬爱父母、敬爱老人"是"养"的更高一层的要求,我们不仅要学会敬爱自己的父母,也要学会敬爱他人的父母。

三、孔子德育的基本原则和主要方法

孔子通过长期的教学实践经验，给我们留下了重要的德育原则和方法，系统地研究孔子德育的原则和方法对我国当前德育理论的研究和展开有着重要的指导意义。

（一）孔子德育的基本原则

1. 德育为先

在孔子的教育体系中，他把德育放在最重要的首位。[12]主要体现在以下两个方面。

第一，在人才培育上，孔子不管是在教学的过程中还是在对弟子的要求上都将德育摆在首要位置，强调"修身为本"。在孔子看来，教育的首要目的是培养人，即先教会学生如何为人处世。为此要做到，加强自我修养，提高自身品德，能"泛爱众"。他主张先提升人的品德，在有精力的时候再去学习文化知识。

第二，在国家发展上，孔子强调"德"是国泰民安的关键。为此他提出了"为政以德"的理念，强调改善政治生活的关键是对"德"的培育，主张以德治国的原则，强调把德育放在最突出的地位。

2. 克己内省

克己内省是人进行自我修养的重要方法。在与人交往时，孔子强调人要以一定的道德规范来约束自己，要能调节和控制自己的个人私欲，即"克己"。孔子说"躬自厚而薄责于人"，在他看来，作为一名仁人志士，要学会克制自己，同时对他人又要采取宽容理解的态度。

孔子认为，内省要求人必须有自觉性，内省是自己进行自我监督、自我反思的过程。一个人在反思时，觉得自己没有做不道德的事情，自己内心也没有不安，这就是好的现象，不必为此感到担忧。

3. 改过迁善

当人犯错之后，一般来说有两种表现：一种是打死不认，并且还试图辩解；另一种是主动承认错误。孔子当然赞成第二种表现，即我们经常说的"知错能改，善莫大焉"。

孔子承认自己曾经也做错过事，但是他的错误得到了别人的理解，所以他是幸运的。孔子反对对自己的错误采取无所谓的态度，认为那是对自己也是对他人的不负责，他提倡在发现自己错误的时候，要主动承认，而且要及时纠正自己的错误，对于别人的错误，要采取一种包容的态度，要理解他人，因为人无完人，是人就会犯错，人不要总是纠结于过去的事情，要把眼光放在未来的表现上。

4. 有教无类

"有教无类"出自《论语·卫灵公》，这里的"无类"主要针对的是教育对象。既然"有教无类"就必须得承认人的德行、知识是后天养成的，是从学习中得来的[13]，人要想达到更高层次的境界就必须接受一定的教育。

在孔子以前，布衣子弟是没有受教育权利的。为了改变这一现状，他提出了"有教无类"的思想，接收大量布衣子弟，使接受教育的人越来越多，所以他的"有教无类"是一种意愿优先、学无等第的公平教育理念。这一德育原则，告诫我们：在今天，搞好教育一定要面向全体学生，立足于提升全民族的文化修养。

5. 温故知新

子曰："温故而知新。"也就是说，在巩固已学知识的基础上要能有新的发现，其中"知新"是关键。复习学过的知识不是简单地浏览一遍就完了，而是要在每一次的复习中有新的收获，发掘出第一次学习时没有发现的东西，这才是"温故"的目的。

同时，它还强调人的自觉性，只有当你有了想要去复习的意向，你才会从心底接受它，才会用心去复习，这样才会产生好的效果；而如果是在他人的催促下去复习，这时人只是被动地接受这一命令，只会做好表面上的工作，根本就不会有什么收获。所以，孔子告诫我们"温故"不仅强调发现新知识，更强调人的自觉性。

6. 立志有恒

立志有恒原则是孔子在德育实践中一直强调并率先垂范的基本原则。他认为，人生活在社会中，不应该只追寻物质上的享受，而应该追寻更高层次上的精神需求，所以每个人都要树立崇高的理想和抱负，还要坚持不懈、始终不渝地去追求。

在如何立志中，孔子提倡"志于仁"，他要求学生要以"仁"来指导自己的行为，做到志于仁而成于仁。总之，志向的确立和追求，取决于人的主观上的努力和个人的顽强拼搏。我们今天虽然不能以孔子的志向为奋斗目标，但是他强调的"立志"思想却是值得我们借鉴和吸收的。

（二）孔子德育的主要方法

1. 因材施教法

在教学活动中，孔子善于从弟子的现实情况入手，能针对不同学生的资质水平而采取差别化的教育方法，这就是因材施教。这一方法的经典例子体现在《论语·先进》中子路问："闻斯行诸？"子曰："有父兄在，如之何其闻斯行之？"冉有问："闻斯行诸？"子曰："闻斯行之。"对于这两种截然不同的回答，孔子说，子路爱逞强，亦好大喜功，因此我就告诫他做事前一定要多听他人的意见，要三思而后行；而冉有脾性谦让，做事迟疑，胆子小，因此我就鼓励他做事时要干脆，不要拖沓。孔子在培养弟子道德修养时很多情况都是采用这种因材施教原则的。

在实施素质教育的过程中要做到因材施教，就要从三方面入手：第一，要有仁爱情怀，作为一名人民教师对学生要仁爱和包容；第二，要实施多样化的课程；第三，在评价方面要有不同的标准。每个学生都是有自己特点的，班级评价要尊重学生的差异，不能根据一个统一的评价标准去评价所有的学生，只要学生有进步就是好的，对于底子薄弱的学生，要对他们适当降低评价标准，耐心帮助他们，对那些成绩优异的学生要以开放式的态度鼓励他们多探索，最大限度地促进学生的发展。

2. 启发诱导法

孔子是启发式教学的鼻祖。"不愤不启，不悱不发，举一隅不以三隅反，则不复也"就是其启发式教育理念的阐述。"愤"是指学生在解决问题时仅凭自己现有的水平是完成不了这一任务的，这时候就需要老师的指导了，通过对学生个别地方的指点，使学生能顺利地解决该问题，以达到"启"的目的；"悱"是指学生在思考了一段时间之后，想表述但不知道该怎样表述的一种状况，当出现此种情况时，老师应该帮助学生整理思绪，引导学生用自己的话把他想要表达的东西组织起来。同时启发还要达到"举一反三"的目的，我们不能局限于这一道题的解决，而是要去学习解决这类题的思路，要在今后碰到类似的问题时能准确地反应出来该怎么去做，这才是学习的目的。启发式教育法，不仅在当时的社会有着一定的作用，在我们今天的社会中同样起着重要的作用，它能够培养学生的创造性，扩展学生的思维，促使学生提高解决问题的技能。

3. 教学相长法

《礼记·学记》载："是故学然后知不足，教然后知困。知不足然后能自反也，知困然后能自强也，故曰教学相长也。"[14]这是对"教学相长"最早的解释。孔子认为，教师要不断提高自己的知识水平，只有自己的水平提高了，教师才能把更多的知识教给学生，同时教师教育学生本身就是一个学习的过程。

在孔子的德育学说中，教学相长是占据着重要位置的。孔子倡导教师要在教学过程中发挥主导作用，善于利用自身因素和已有的学习条件为学生创造适宜的情境，引导他们学会合作，同时他还提议教师应该主动向学生学习，因为教师并不是完美的，而学生又是有自己特长的，教师可以在和学生的交流中，主动汲取学生的长处，使师生都能取长补短，共同发展。

虽然孔子主张在教学进程中应该发挥教师的主导作用，但同时孔子也强调要坚持学生的主体地位，学生是学习的主体，学生的学习主要靠自己的自觉性，教师在其中只是充当一个指引者的角色。所以，在教学中，要充分发挥老师和学生各自的作用，共同成长。

4. 学思结合法

孔子认为人要提高自己的常识修养，除了用心学习之外，还要主动思考。针对如何对待学习与思考的关系，孔子提出了"学而不思则罔，思而不学则殆"的著名论断。[15]"学"就是指学习知识，"思"就是思考问题。一个人如果不好好学习，每天只是苦思冥想，只能是越来越迷茫，问题也不会得到根本性的解决。他反对不学习的异想天开，认为这是在做无用功。

而如果只是单纯的通过学习去获得感性知识，不经过思维的分析和整理，虽然是能学到很多知识，但是不会有更深层次的收获。他教导学生要敢于发现问题，敢于质疑，勇于探索，办事要勤动脑，做事才会成功。

孔子反对只学习而不思考的实质主义，也反对只思考不学习的形式主义，主张把学和思辩证联系起来，以达到更高层次的教育要求。

5. 躬行实践法

孔子在德育中强调要把学习和行动联系起来。在学习过程中，不仅要经常温习，而且要把知识运用到实践中去，优秀的东西要发扬，消极的东西要自觉摒弃。

孔子历来重视言和行的统一，但更强调"行"，他提出要"听其言而观其行"。同时告诫自己的学生，在评价一个人品性的时候不能只听他是怎么说的，更要关注他的行为，因此，他要求学生要做到"行笃敬"。

孔子还倡导"言传身教"。认为教师应该通过自己的亲身示范对学生进行教育，要做到率先垂范，只有这样，学生才会以老师为自己的榜样，不断提高自己的道德品质，努力朝着成为"君子"的目标前进。

四、孔子德育思想的历史评价

孔子的德育思想体系完备，对我国德育学说的发展产生了深远的影响，是我国优秀传统文化中的宝贵精神财富，其意义毋庸置疑，但由于当时社会大环境的桎梏，孔子的德育学说也难免会留有一些消极之处。

（一）孔子德育思想的历史意义

1. 孔子德育思想是中华道德教育的真正发端

孔子是中国历史上真正将德育由王室贵族扩展至布衣阶层的首创者。在孔子之前，受教育者仅限于王室贵族的成员，布衣阶层是没有受教育权利的，而孔子所开展的德育，遵照的是"有教无类"的原则，对凡是前来真心求学的普通人，都采取接纳的态度，这一做法打破了教育上贫富贵贱的等级。

孔子是第一个开办学堂的人，以传授"六艺"为主，面向社会各阶层，使得德育的覆盖面和受众面大大增加。历朝历代，除了少数优秀人才能接受国家德育外，绝大部分普通人都是通过私学来接受有效的德育教育，中华民族人才辈出，被誉为"礼仪之邦"，这和孔子首创私学之风有着密切的关系。

2. 孔子德育思想是中华民族传统文化的奠基[16]

在人类文明的长河中，各种文化学说交织、碰撞、批判、继承，形成了我国优秀的传统文化。在这些璀璨的民族文化中，孔子的德育思想熠熠生辉。

儒家历来重视"孝"，认为"孝"是百行之本。古往今来，凡是贤明的君主，都是以"孝悌"之道来治理国家的，汉唐之后，选拔贤才强调"求忠臣必于孝门之子"，将"孝悌"作为判断人品性的标准。如果在"孝悌"的熏陶中成长，就会自觉把感恩之心带进做人做事中，进而整个社会就会充满至善至美的品格。人的正确"三观"的形成，是离不开深厚亲情的。实行"孝悌"之道，对提升思想品德、推动廉洁奉公、实现国泰民安，有着不可替代的作用。孔子德育学说中把"孝悌"作为人的根本，"孝悌"成为我国民族文化不可缺失的组成部分，指引着我国民族文化的发展方向。

3. 孔子德育思想是中华民族道德理论的源泉

孔子是我国德育学说的鼻祖，其学说中的德育目标、内容、方法、原则，都是全面的、系统化的理论，有很多内容在今天仍值得我们借鉴。比如，敬养老人的美德、克己内省的自我修养方法等。

在优秀传统思想中，有很多突出的思想都是孔子提出来的，这些思想不但为后人所敬仰，而且在传承中得到发扬，激励着人们顽强拼搏、奋发向上，并且经久不息，在文化繁荣发展的今天依然是社会品德的重要构成部分。

（二）孔子德育思想的局限性

1. 重礼制，轻法制

在对国家的管理上，孔子始终强调教化的作用。然而，治国理政是一门高深的学问，统治者仅仅具有德行是不够的，而孔子对于从政之人的要求除了道德上提出具体的做法以外，并没有对其他方面做出解释，这是他思想的局限性之一。作为统治者，除了需要"德"，还需要"才"，只有德才兼备才能管理好国家。

关于刑法，孔子是一种不支持的态度，认为与其用刑法来强迫人民，不如用礼来教化百姓。然而，孔子生活的年代是一个大动荡的年代，利益冲突是最常见的社会矛盾，此时用道德教化的手段来稳定社会秩序，使人们遵守社会标准，显然是不现实的，品德教化也就不能发挥其本来的功能，当然也就不能达到孔子所预期的效果。

2. 重君子，轻平民

孔子把人分成两种："君子"和"小人"，君子和小人是有本质差别的，君子是聪慧的，小人是愚钝的；君子是高尚的，小人是粗鄙的。

3. 重仁德，轻物质

孔子以"仁"为核心建立了一套系统的道德理论体系。他强调人要把这一体系作为自己修身养性的最高准则，认为生命之重在于修身。

他提出"君子喻于义，小人喻于利"，可见，他是非常看重德而轻私欲的。在他的思想中他是轻视小人的，认为小人是很低等的，他的一切学说都是围绕培养君子而展开的，自然就对追求利益的小人很鄙视了。同时这也是他提出的一种引导管理人民的方法，他主张用社会理想、民族大义来引导君子，使他们能拥有高尚的品格；而对于小人，他则主张通过利益来激发他们往更高层次发展的动力。

五、孔子德育思想的当代价值

孔子德育思想博大精深，对我们当今社会各方面的发展都具有重大意义，值得我们借鉴。本章主要从三个方面出发，探讨其思想的重要性。

（一）对高校大学生道德教育的意义

随着互联网的发展和西方文化的涌入，高校大学生的思想和价值观等方面受到了强烈的冲击，出现了许多道德问题[17]。孔子思想中的优秀成分对我们解决这些道德问题有重要的借鉴意义。

孔子把"小孝及家，大孝惠国"作为最高标准。高校大学生对孝道的理解和实践，与其自身的思想道德素养有着密切关系。孔子提倡的孝道文化就是要把人培育成人格健全、品性高尚的人，所以高校对学生开展孝道教育就显得极为重要。让学生体谅父母的不易，意识到孝敬父母的必要性，从而把对孝道的感性认识上升到理性层面，并且落实到具体实践中去。从孝道文化着手，可以提高大学生的品德修养，使学生真正将孝道文化转化为自己的内心信念，早日成为国家的栋梁之材。

子曰："诚之者，择善而固执之者也。"[18]孔子极其推崇诚信，认为诚信是人生活在社会中的根本要求。孔子的"诚信"思想，在当今社会仍然有着重要的意义，尤其是在大学生的道德教育中发挥着重要的指导作用。作为大学生，要提高自己的内在修养，就要在"诚信"这一方面下功夫，主动从我做起，在生活、学习和来往中，要做到言行一致，贯彻诚信观念。

孔子强调"克己复礼",要求人们在任何时候都要能时刻以"礼"的标准衡量自己,把"礼"作为自己行动的准则。无论是对人还是对事,我们都应怀有一颗仁爱之心,同时,高校教师也应重视对大学生的引导,使学生从一点一滴入手,从自身做起,逐渐发扬博爱大众的崇高精神。

(二)对培育和践行社会主义核心价值观的意义

社会主义核心价值观是建立在我国优秀传统文化基础之上的,是历史发展的产物。孔子的德育思想给我们提供了文化支持,是培育社会主义核心价值观的重要参照。

第一,孔子主张以"仁"为核心,关注人的人文情怀,倡导人要主动地去关心他人。对此,要加强对学生仁爱观念的培养,增进学生的使命感,提高学生的思想境界,指导他们在实践中进行自我完善。

第二,孔子主张言行一致。只有通过具体感知,才能真正从内心接受社会主义核心价值观。因此,要注意贴近受教育者的生活,让他们通过各种活动,产生深刻的体会,真正理解价值观的内涵。

第三,孔子提倡示范教育。在今天,教育者要以身作则、严于律己,严格遵照社会规范的要求来约束自己的言行,为受教育者树立学习的榜样,使他们自觉践行社会主义核心价值观。

(三)对推进社会主义和谐社会建设的意义

实现社会和谐,建设美好社会,始终是人类孜孜以求的一个社会理想[19]。这既是顺应时代的要求,也是对理论联系实际的践行。

构建和谐社会,包括三个方面:人与自然的相处;人与他人的相处;人与自我的和谐。首先,要解决的是人与自然的关系,要遵循"天人合一"的生态观,孔子认为人是自然界的一部分,主张人要以和睦友好的立场对待自然。这种充满人文关爱情怀的德育思想启示我们必须重新审阅人与自然的关系，形成"以人为本"的人与自然和睦相处的自然观，为今后的进一步发展提供现实性的保障。其次，解决人与他人的关系要坚持仁者爱人。孔子认为人都应该怀有一颗爱人之心，对待他人要宽容，以我之真心换他人真心。人与人关系融洽，社会也会更加祥和。最后，在人与自我的关系上，孔子强调内省。为此我们要做到以高标准要求自己，学会反思，努力提升自己的内在美。

此外，构建和谐社会关键在我党。孔子认为治理国家必须做好两点：一是"为政以德"；二是坚信实现德政是长期的任务[20]。由此，构建和谐社会我们首先要坚信它是一个长期的过程，在构建和谐社会的过程中要一步一个脚印，踏踏实实地把这一过程中的每一步都尽量做到完美，为构建社会主义和谐社会打好坚实的基础。

其次，我们党既要加强党员干部的思想道德修养，同时对广大人民群众要做到"为政以德"，对人民群众也要加强思想品德教育，为构建社会主义和谐社会奠定良好的道德基础。

参考文献

[1] 黄钊. 儒家德育学说论纲 [M]. 武汉：武汉大学出版社，2006：24.

[2] 王欣. 论孔子乐教思想的形成 [J]. 淮南师范学院学报，2010，12（1）：148.

[3] 李文全. 孔子德育思想及其当代价值 [D]. 武汉：华中师范大学，2016：10.

[4] 王茜. 孔子德育思想及其时代意义 [D]. 西安：西安科技大学，2014：10.

[5] 张倩倩.《孔子家语》的德育思想及其对大学生道德教育的启

示［D］.海口：海南大学，2017：6.

［6］吕涛.大教育家孔子［M］.辽宁：辽宁教育出版社：1987：120.

［7］姚云云.先秦儒家德育思想及其现代意义研究［D］.大连：大连理工大学，2004：13.

［8］王治国.国学今读 论语译评［M］.北京：北京师范大学出版，2011：88.

［9］马志栋.儒家德育思想探微［J］.学周刊，2014（24）：5.

［10］柴松青.新常态下孔子德育思想对"95后"大学生教育引导的启示［J］.才智，2017（4）：205.

［11］于丹.于丹《论语》感悟［M］.北京：中华书局，2008：102.

［12］邹永健.孔子德育为本的教育思想［J］.教育教学论坛，2014（29）：262.

［13］古棣，戚文.孔子批判［上］孔子十日谈［M］.吉林：时代文艺出版社，2011：51.

［14］王茜，王亚军.论孔子的德育思想与方法［J］.新西部（理论版），2014（8）：119.

［15］刘钰.《论语》中的德育方法及其现代价值［J］.教书育人（高教论坛），2017（9）：60.

［16］雷凡.孔子德育思想研究［D］.锦州：辽宁工业大学，2017：28.

［17］高慈.孔子德育思想及对高校大学生德育的意义［J］.张家口职业技术学院学报，2018，31（2）：42.

［18］孔子家语.哀公问政［M］.北京：北京燕山出版社，

2009：68.

［19］杨柳. 对社会主义和谐社会的一些思考［J］. 农村经济与科技，2017，28（24）：223.

［20］龙昭雄. 论语与现代生活下［M］. 广西：广西人民出版社版，2013：60-61.

第三章　孟子德育思想

德育的发展历史悠久，是各个时代共有的活动，只是在不同时期所叫的名称不同，不能因为那个时代的名称不同而否定它的存在。对于有悠久历史的中华民族来说，道德教育是必不可少的，孟子作为战国时期的思想家、教育家，他很重视道德教育。孟子继承了孔子的德育思想，他认为人性善，"人皆可成尧舜"。[1]但是后来为什么会有小人和君子之分呢？是因为君子的品行高尚，道德修养高，又通过后天教育来保持已有的善性，所以他认为国家可以多多培养德才兼备的人才。

孟子认为道德对人很重要是因为道德教育可以扩展已有的善性，对于今天社会发展来说，道德不仅是人们衡量人才标准，而且已经成为一种无形财富，让人在举手投足间就能感受到道德的高尚人和道德水平低的人之间的差别，随着社会主义改革不断深入发展，各种思想交织，处在社会转型时期的人们变得浮躁，"一切向钱看"，毒奶粉、染色馒头，工厂污染物随处排放，老人摔倒不扶等事件时而出现在公共视野。所以当代公民的道德教育越发重要，加强道德素质教育是当前德育工作的重中之重，借鉴前人的经验必不可少。

德育是孟子思想的重要组成部分，对孟子德育思想的研究一直都是学术热点，但人们经常是把孔孟荀结合起来研究，胡适的《中国哲学史大纲》和杨泽波的《孟子评传》中都提到了孟子的性善论，都提出性善论是心善的依据，理想人格的修养方法对当代构建理想人格有借鉴意义。而后又出现了许多人研究孟子的思想，但大都是关于仁性。在"文化大革命"时期，孔孟被批判，直到"文革"结束，伴随着经济发展，人们又重新开始研究孟子，主要关注的是孟子的思想内容、方法原则。孟子的思想不仅在国内有很大影响力，在国外也占有重要地位。

在西方研究孟子的主要以杜维明、信广来、成中英等为代表，杜维明在《仁与礼的创造性互动》中通过"士的自觉"来解读孟子思想，他认为人的道德应该是由自发走向自觉的过程。信广来出版的《孟子和早期儒家思想》一书中是解读孟子思想的经典著作之一。成中英则主要研究孟子德育思想的内容，并对其内容里的人性进行了反思。他们认为道德是由自发走向自觉的过程，所以他们主要反思孟子人性论中的内容。

一、孟子德育思想的形成条件

（一）孟子德育思想形成的时代背景

任何一种伟大思想的产生都不能脱离与之对应的社会政治、经济、文化等条件，孟子的德育思想也是如此。正确把握孟子生活的社会环境，有助于我们更加深入地研究孟子的思想。伟大的无产阶级革命家列宁说过："在分析任何一个社会问题时，马克思主义理论的绝对要求，就是要将问题提到一定的历史范围之内。"[2]因而对于古人理论的探索同样需要与当时的大背景相联结。

1. 变革与发展的经济环境

孟子生活在战国中期,是我国古代社会转型时期——奴隶制向封建制转型。战国时期,随着社会生产力的进步,经济发展迅速,由于铁器和牛耕的推广与使用,促进了农业精耕细作的发展方向;社会生产力有了极大的进步,封建土地开始向私有化发展,私田被大量开垦和买卖;手工业也逐渐细化且品类繁多,经济的向前演进带来了劳动形式的优化,老百姓也从繁重的体力劳动中逐渐跳脱出来,与社会的推进相适应,从而花更多的时间投入脑力劳动中,人们的思想自然得到解放。随着私有制发展,封建剥削加强,各国统治者为维护统治,横征暴敛、掠夺土地、抢占劳动力,导致社会矛盾激化,国家间兼并不断。社会经济的大变革与大发展为思想文化的交流和碰撞提供了基础。

2. 争霸与兼并的政治环境

经济的变革必将引发政治权力上的斗争,西周实行分封制是以血缘关系为基础的。但到了春秋时期,周天子对诸侯的约束力丧失,各诸侯国纷纷称霸发动战争。当时大国争雄称霸,小国朝不保夕,国家间杀伐不断。整个社会"王道衰微,霸道盛行,礼崩乐坏,攻城抢地,政治黑暗,百姓流离"。[3]随着统治者的残暴统治,阶级矛盾也一触即发。各诸侯国为维护自己的政治经济利益极力斗争。新兴阶级为了掌握政权、谋求本国的繁荣富强,使自己在兼并战争中处于优势地位,纷纷在政治、经济、文化方面进行变革。在这样的政治环境下,人们需要一种道德政治,社会也需要一种道德政治,为此孟子提出了自己的仁政思想,他认为,社会局面混乱,人民生活痛苦的主要原因是社会之中缺乏仁爱精神,统治者缺乏德行和个人的修养,没有实行仁政等。为了扭转动荡黑暗的社会局面,孟子提出了其独特的德育思想，那就是极力推行"仁政"，用"仁德"来管理国家。

3. 繁荣与争鸣的文化环境

孟子生活在礼崩乐坏、战乱频发的时代，各国之间变法图强，私学盛行，有促使各种思想的产生和交融的环境，从而出现文化方面的大繁荣局面，由"学在官府"发展到"学在民间"[4]。各诸侯国为了能够兼并他国，统一天下，巩固自己的统治，纷纷"招贤纳士"，一些"士"阶层开始游说，著书立说，针砭时弊，互相辩论，宣扬自己的思想主张，因而社会上涌现出各种学术思想，为文化上"百家争鸣"局面开了先河，文化发展主要是为政治服务。在这种文化环境下，孟子认为"世衰道微，邪说暴行又作"。[5]他对社会的各种低俗的与积极向善相悖的言行进行驳斥，在对前人的相关理论扬弃继承的基础上形成了自己的某些理念，并在与诸子百家相互论辩中提出自己的思想主张。孟子淡化了"礼"在个体道德修养中的作用。注重后天教育对道德修养的保持作用。

(二) 性善论：孟子德育思想的理论渊源

1. 性善是人性的本质属性

孟子作为儒家学派的重要继承者之一，他的德育思想自然继承了孔子的德育思想，孔子提出了"性相近，习相远"，但是孔子没有具体论述人性问题，孟子在此基础上进一步阐述了性善论。孟子认为："人无有不善，水无有不下。"[6]孟子认为性善是人与生俱来的，每个人都可能向善，人们后天的学习和修养是为了保持已有的善性。这种理念的升华是从人与动物的区别性视角来阐明的。

2. "四心"是天赋的

性善论是建立在"四心说"之上，因此"四心"存在于每个人的人性中，即"恻隐之心、羞恶之心、辞让之心和是非之心"。性善论首先强调的是"人皆有不忍人之心"。[7]孟子认为，同情心人人都有，这是人生来就有的本性，他用"孺子将入于井"[8]（《孟子·公孙丑上》）向我们举了一个例子：当群体面对特定环境下需要援助的情况，不会顾及太多有关利益的问题，而是凭借人本身的与生俱来的德行做出潜意识的举动，不但普通人有恻隐之心，当权者也有恻隐之心。孟子还提到过齐宣王的例子：有人牵牛前去祭祀，齐宣王看到牛发抖的样子于心不忍，让人将牛放走用羊代替。"先王有不忍人之心，斯有不忍人之政矣。"[9]齐宣王的不忍人之心如果用于百姓，保护百姓，对其施以恩惠，这就是仁政了。在确定了"四心"之后，孟子进一步阐明"四端"的起源，也就是"恻隐之心，仁之端也；羞恶之心，义之端也；辞让之心，礼之端也；是非之心，智之端也"[10]。所以，人生来就具有仁、义、礼、智四种道德本性。这是孟子追求的理想人格，就是认识"四端"的存在，发扬人的善性，成为一个品德高尚的人。

3. 人性是可变的

既然宣扬人都是天生具备善行，为何现实中却并非全然如此呢？孟子认为这不是个人思想的堕落或自主地往不好的层面发展，而是特定的境遇会在细微之处改变一个人的品行，使其丧失其善的本性。孟子以麦子举例，"土有肥饶，玉露之养，人事之不齐"[11]，指出麦种都是一样的，但由于客观条件不同，造成收获的差异。他说："富岁，子弟多赖；凶岁，子弟多暴。"青年人的"赖"与"暴"，是受年成好坏的影响。因而孟子认为个人的善恶只在个人本身的意念之间，环境固然有很重要的制约性，但外因不能决定一个人的善恶发展取向，个体本身才是关键性的。因此他特别强调不仅要重视教化的作用，而且要充分发挥人的主观能动性。

党的十九大以来，坚持从严治党，惩治贪污腐败，并取得了明显成效。既要健全各项规章制度，又要从思想观念入手，营造向善的社会氛围。廉耻需要慎独、道德的自律、欲望的控制，也需要建立一整套核心价值观的教化体系，营造广泛向善的舆论环境，培育良好的社会风俗[12]。

（三）仁政学说：孟子德育思想政治基础

1. 重视人民

孟子认为："行仁政而王，莫之能御也。"[13]意思就是用"仁政"统一天下，是谁也阻止不了的。他认为实行"仁政"，首先要争取"民心"，统治者应以"仁爱之心"[14]去对待民众。他说："民为贵，社稷次之，君为轻。"[15]他提出要重视民众，仁政的核心就是重视人民，孟子认为统治者应当做到"亲亲而仁民"。把对自己亲人的感情拓展到统治当中来。孟子主张在政治领域，统治者应当以自己的德行打动民心，让他们心服口服，而不是采用强制性手段压制民众，只有统治者以仁德之心去体察百姓疾苦、爱护人民才能得到民众的支持和拥护。

2. 关注弱势群体

社会上有四种弱势群体，《礼记·礼运》篇叫"矜寡孤独"，即"鳏寡孤独"。年老没有妻子的叫作鳏，年老没有丈夫的叫寡。年少没有父亲的叫孤，年老没有子女的叫独。孟子说，统治者在施行仁政时应优先考虑到这四种人，照顾好弱势群体。照顾好弱势群体对今天我们打赢脱贫攻坚战有重要的启示作用，因为关注弱势群体可以缓和社会矛盾，缩小贫富差距，促进公平正义，如果统治者只维护少数人的利益，那么就会民怨四起，社会动荡。

(四)重义轻利：价值基础

1. 重义不轻利

关于义，孟子说"义之实，从兄是也"[16]，"敬长，义也"[17]，"未有义而后其君者也"[18]。综上可见，孟子所说的义，是从兄、敬长、敬君，保护私有财产，反对兼并战争等内涵。以利之间，孟子重义而不轻利，他说："富贵，人之所欲也。"[19]人们对物质财富的欲望与生俱来，是人的天性。人们为满足正当的物质欲望而谋求正当之利，合情合理，所以他不反对人们求利。

2. 义利要求有差异

孟子对不同阶层的义利有不同的要求。统治者和士要重义轻利。因为他们手里掌握着权力，他们的追求引导着社会的价值取向，因此他们的求利活动应当受到限制。要以义取利，当义利不能兼顾时要舍利取义，必要时舍生取义。孟子在《告子下》中说："生，亦我所欲也；义，亦我所欲也；二者不可得兼，舍生而取义者也。"孟子的义利观目的是在维护社会整体利益。但是他把希望寄托在统治者自觉依靠道德的力量来约束和控制自己行为的基础上是不切实际的幻想，显露出孟子义利思想的不可行性。在社会主义转型的今天，我们应该把孟子的"义"[20]作为处理感觉欲望和社会利益关系的重要价值准则，我们应大力推崇财富的取得和权力的运用必须要合乎道义。

二、孟子德育思想的主要内容

(一)孟子德育目标的思想

孟子的德育思想强调人格的塑造并要求个体随环境的变化而不断提高自我修养，他认为良好的道德品质是人之所以为人的根本和做好一切事情的基础。

1. 德育目标以人为本[21]

在孟子的观念中并不认同人与生俱来的恶的一面，他肯定个人是带有与生俱来的品德降临到这个社会的，而善的本原被认为个体的道德自律。个体想达到自我的升华和超脱，必将不会视道德为一种外在的压迫力，而是内心愿意遵从的指标，对同辈群体也会有积极的示范作用，从而达到实现自我超然和意志自由的境界。因此，无论是社会风貌的焕然一新还是政体的稳定，都与个体的人格和道德标准分不开。这是一个外化与内省相联结的过程，着重实现知与行的一致才是道德真正的意义所在，如果个体自觉地依据某种自己认可的善恶尺度去规范自己的行为，那么达到高尚的道德尺度是必然的。孟子虽然承认个体天生会有善的一面，但并不否定这种善的可变性，这与个体的生活领域以及思维认同都是有关联的。因此，人文关怀在孟子的思想中占有重要的地位，道德教育深入人心，才能顺利开展教育活动，让道德发挥实质性作用。

2. 德育目标具有现实性

孟子生活在一个战乱动荡的时代，当时的人民只关注眼前的现实利益。孟子却注意到这一时代的社会现状，因此他在继承孔子"仁"思想的基础上提出了自己的思想主张。他说："正人心，息邪说，距诐行，放淫辞。"[22] 为了改变乱世现状而说要端正人们的思想观念，平息各种邪恶理论，抗拒错误的行为，批判放纵的言论，最终目的是适应社会发展的需要，因此所设立的道德目标应随时代和实践需要而不断进行变化，当前全面建成小康社会和实现中华民族伟大复兴的环境对道德建设有了新要求，因此我们在道德建设过程中要立足现实，德育目标设立应具有实用性。

3. 引导人们追求更高的道德目标

德育目标不可能是"一刀切"的统一标准。目标设立需要因时而异、因人而异，对于道德水平较低的人来说要达到较高水平要求是需要一个漫长过程的，不能对他们要求过高，否则将会适得其反，对于道德层次较高的人来说，不能安于现状，要积极主动去追寻较高层次的标准，这样一来，可以让较低层次的人有一个学习的榜样，让高层次的人引领时代道德。"孔子登东山而小鲁，登泰山而小天下，故观于海者难为水，游于圣人之门者难为言。"[23] 只有目标远大，才能有博大的胸怀、不凡的建树。孟子为他学生定的终极目标是"人人皆可成尧舜"。这一观点翻译成现代汉语就是：君子有一件终身忧虑的事：舜是人，我也是人；舜能成为天下人的榜样，而且留名后世，而我不过是一个普通人，如果没能成为尧、舜那样的圣人才是人生真正堪忧的事情。孟子认为教育学生，传授知识固然不可少，但是培养品德更重要，树立一个较高的目标做人是第一位的，当今社会，能够达到圣人目标的少之又少，但是我们不要放弃追寻这个目标，要努力做一个德智体美全面发展的人，成为一个兼具真善美品质的人。

(二) 孟子德育原则的思想

1. 仁者爱人原则

"仁爱"[24] 原则是被儒家极力推崇的，仁是孟子思想围绕的中心，是孟子一生都在致力推广和发展的信仰。仁爱是指人都要具备同理心，并且能够受内在素养的驱动做出正确的行为选择。而这种仁爱又要受到节制和规范，任何个体的无私都是有条件的，对于自己亲近的人必然会多一份同理心，这和血缘的亲疏有着间接的关联，因此孟子也认同个体的道德体现不是绝对的，而是有多种影响因素。

孟子认为，即使是自己的亲人，也不可能等同对待，差异是在所难免的。"亲亲"，就是与最亲近的人相处时的和善的态度。在此基础上，做到将心比心，"老吾老以及之老，幼吾幼以及人之幼"[25]。孟子认可世间的所有事物在发展中都处于一种和谐的秩序中,这种共生的和谐关系不可缺少的是个体之间以及人们看待事物的一份情怀,这份情怀透露着世界是有机的体系,人们的内在品格会驱动社会的文明风尚不断发展。孟子的仁爱之心对我们精神文明建设有着重要的启发。

2. "道之以德"[26]的原则

作为儒家的创始人,孔子说:"道之以政,齐之以刑,民免而无耻;道之以德,齐之以礼,有耻且格。"意思是如果用政权、刑罚来管理人,是不可能使人有道德的;如果以德、礼来引导人,人就会有廉耻,有人格。孟子继承了孔子的思想,他说:"以德服人者,中心悦而诚服也。"[27]只有内心认可德行并积极践行的人才会让人真正臣服。

我国现实社会中,存在着一些问题:诚信缺失、贪污腐败、黑恶势力等。要解决这些问题除了完善相关法律制度,更重要的是从思想观念入手,加强公民道德建设,用道德观念、德行让人信服,减少暴力行为,从源头上减少这些不道德的行为。

3. 自我反省的原则

儒家道德修养的重要方法之一是自我内省。孔子说"吾日三省吾身",就是每天要进行反省,缺乏内省的人必然会对生活有多方面的抱怨,对自我也会过分否定,从而失去对待事物的客观态度;而日复一日思考自己各方面的不足,并且及时进行调整的人往往会在无形中增加个人的德行,并且使更多人认可自己。内省的人还会积极反思周围的一切存在,会对他人形成道德教化的推动力,及时指明自己或者他人在道德方面存在的疏漏。如果自己觉得善待了他人,却没有得到同样的回报,可能是自己哪一方面出现了问题,要及时进行反思,如果感觉自己确实没有做错,就要及时去纠正别人的错误。

(三) 孟子德育方法的思想

任何一种观点被广泛认同都是由于具备了方法论层面的建树，孟子的德育思想必然会适用到当时的社会，理论的形成包含着具体的论述，而德育思想作为孟子的核心理念之一，个体的德育培养方面也提出了多方面的具体要求，在有保留地继承孔子思想的基础上发展了自己的道德理论，二人共同构成了中国传统德育的主流观点。

1. 因材施教，循循善诱的德育方法

"因材施教，循循善诱"是孔子创立的一个重要教育方法。就是说每个人都有自己的个性，因此要对教育对象采取不同的教育方法和内容。孟子提出了五种教育方法。第一，对于那些资质好的学生，应像及时雨滋润万物一样，稍加点化即可；第二，有的学生道德修养不错，就着重培养他的德行；第三，有的学生富有才干，就着重培养他的才干；第四，有的学生资质一般，就着重为他答疑解惑；第五，有的学生无法上门学习，那么就要让他们尽力自学。因此孟子说："君子引而不发，跃如也。"[28]意思就是启发诱导可塑才，这种"引而不发"的方法不能操之过急，要有一个循序渐进的过程。"宋人有闵其苗之不长而揠之者，苗则槁矣。"在这里孟子告诫人们进行德育时不要操之过急，揠苗助长就是一个典型的例子。毛泽东说过："一个正确认识，往往需要经过由物质到精神，由精神到物质，即由实践到认识，由认识到实践这样多次的反复，才能够完成。"[29]因此我们要对事物发展过程有一个适应阶段，要循序渐进地完成。

2. 反求诸己的德育方法

"反求诸己"意思是反省自己、严格地要求自己。[30]孟子曰："人恒过，然后能改。"意思是人们会经常犯错，只要能经常反思自己的错误，然后改正就是好的道德修养。内省一直是君子修身的核心方法，孟子鼓

励人们经常反省，从而发扬善性，使自身的道德修养不断完善。只要善于反思自己，坚定善性，人人皆可以成尧舜。孟子的反求诸己就是自我教育法，孟子认为要实施自我教育法就要多从自身内部找问题，不要嫉妒怨恨别人，要严于律己，宽容待人，勇于改过，不断进步，提高自身的道德水准。当然反求诸己并不是一味地让人们只反思自己，如果发现自己没有不足时，要理直气壮去指责那些无理的人。

3. 以身作则的德育方法

孟子认为，一个人自身不正，也无法匡正别人的不当行为。故此，唯有先严格要求自我，做出榜样，才能以此匡正别人的行为。"枉己者，未有能直人者也。"（《孟子·滕文公下》）言传不如身教，如果你经常拿着高标准的道德来衡量他人的行为，却忽略了自己为人处世时的行为偏差，怎能要求别人按你的标准去做呢？

三、孟子德育思想的现代价值及其启示

加强个人的德行建设是任何时期都应该重视的，在新的时代，应有焕然一新的社会风貌，应加强道德建设，缓和社会矛盾。

（一）孟子德育思想的现代价值

1. 环境对人的塑造作用

孟子十分重视环境对人的影响，他认为善性丢失的另一种原因是社会环境的影响。孟子说：丰收年景，少年子弟由于衣食无忧而好吃懒做；灾荒年头，少年子弟因缺吃少穿而胡作非为，并不是上天赋予这些少年子弟的性情不同，而是环境的影响使他们变化。美国教育家罗茜·洛·诺尔特说过："孩子们从生活中学习，如果一个孩子生活在批评之中，他就学会了谴责；生活在敌意之中，他就学会了争斗；生活在鼓励之中，他就学会了自信；生活在表扬之中，他就学会了感激。"[32]可见，人性一定会受到外部环境的影响，积极的影响会促进人性的完善，消极的影响会破坏人性的发长。要经过环境的磨炼才能培养一个人的品质。因为人们总是在一定的环境下生活，时间长了就会潜移默化地受到环境的影响。

2. 注重道德模范的作用

孟子注重道德模范的作用。孟子说："君仁，莫不仁；君义，莫不义；君正，莫不正。"[33]孟子认为以榜样的力量教化百姓，能建立一个和谐融洽且有秩序的理想社会。当前我国也有类似的德育实践，例如"感动中国十大人物""最美教师""三八红旗手"等先进人物评选活动，让人们学习这些先进人物的事迹，有助于人们形成良好的道德品质，因此应当继续加强道德模范的培养和宣传，培养一批百姓喜闻乐见的道德模范，使其形象深入人心，借助道德模范营造良好的社会环境。[34]

3. 德教为先

孟子重视教育，主张"谨庠序之教"[35]，他认为教育的首要内容就是进行道德教育，孟子把道德教育放在首位。但是战国时期，社会混乱，兄弟之间为了利益相互残杀，父子之间不相往来，虽然没有专门设立学校进行德育教化，但是孟子在教育过程中注重把道德教育和科学文化知识结合起来。因为教育的最终目的是维护封建政治统治，一边进行科学文化知识教育，一边进行道德灌输。孟子用道德来衡量一个人的基本品质，认为道德教育就是使人形成良好的品行。在当代，社会虽然和平稳定，但是容易让人的思想出现懈怠，久而久之就会忘了这些道德标准。我们不仅要重视科学文化知识的教育，更要注重人们思想品德的发展，坚持德育为先、智育为主，谋求人的全面发展。

(二) 孟子德育思想对现代德育的启示

1. 立德树人,以人为本

孟子重视人民的思想教育在今天仍有重要的借鉴意义。因此我们要从人的需要和发展出发,尊重人的主体性,以人为本。德育的目的是让人到达内化于心,外化于行的思想境界。"当前是信息化和价值多元化社会,价值冲突和价值选择应该坚持以人为本,尊重人的主体性,让人们自觉参与到当前的道德建设中来。"[36]虽然我国现在社会道德水平总体情况较好,但仍存在很多道德缺失的现象。明星失德,偷税、漏税,出轨、邪淫,各种丑闻层出不穷。网红无下限,出乖扮丑,目无法纪,可以看出人们的价值观急需提升。因此我们提倡立德树人就是让更多的人参与到道德建设中来,形成良好的人文环境。

2. 加强社会教育,提倡仁爱理念

孟子说:"亲亲而仁民,仁民而爱物。"[23]仁的基本层次就是亲亲,除此之外,仁还有向外推的不同层次,仁的三个层次是亲亲、仁民、爱物,即对亲人要亲,对民众要仁,对万物要爱惜。孟子分别以孝悌的"亲亲"、民本的"仁政"、爱护自然万物的博爱来表达孟子的仁爱思想,孟子将这种爱由亲人之爱向外发展成社会之爱,再扩大到万物之爱,这既遵循了人类最基本的自然之情,又满足了人类基本道德需求,还实现了人与社会的和谐相处。

当今社会发展节奏加快,各国都面临着来自国际竞争的压力,人与人、人与社会之间的关系越发复杂,人们之间缺乏关爱,而孟子的仁爱思想主张在复杂多变的环境中发挥仁爱思想,并通过人伦教化去感染周边的人,对今天的奢靡之风、享乐主义和贪污腐败的社会风气有积极的作用,通过学习孟子的道德思想可以让我们充满责任感和仁

爱之心,以"仁爱"之心去对待人和事。因此无论处于任何时期,"仁爱"精神的价值都不应该被忽视。

3. 注重实践能力,提倡知行统一

孟子生活在战国时期,那是一个秩序极其混乱的时代,道德教育的难度可想而知,但他仍然注意到了道德教育实践的重要性。当前我国德育存在的一个重要问题,便是重视理论知识,忽视学生实践能力。道德教育要重视内因和外因相结合。在道德教育的过程中,如果只是一味地接收教育者传递的教育信息,而不结合自己的实际情况来加以实践,那么外在的德育内容就不可能被人真正接受。我们要培养的人,不应该是纸上谈兵,德育目的就是要让人变成言行一致,理论素养与道德践行能力相协调的人。在孟子理想人格的修养中,知行统一是非常重要的,通过不断地进行人格培养,行义举,走正道,脚踏实地,奋发向上。实现知与行的统一,应把德育理论与社会生活紧密联系起来。

因此,我们应当在知的基础上引导人们践行。道德需要实践,在实践过程中发现自己的不足再加以反思,学习理论的最终目的还在于道德践行。道德教育应当增加受教育者的社会实践,使其融入社会生活并意识到自己的公民地位,培养社会公德,使人们为构建和谐社会贡献力量。

结论

道德是对经济基础的反映,并随着经济基础的变化而变化。党的十八大以来强调建设社会主义精神文明与社会主义市场经济相适应、与社会主义核心价值体系相协调、与中华民族传统道德相承接的思想道德体系。十八大报告提出建设社会主义文化强国，提升公民道德素质，弘扬中华民族传统美德。今天我们研究的孟子德育思想，意义在于为现代人的实践生活提供启发和借鉴，从而促进社会主义道德建设。随着越来越高的物质生活水平的到来，在拥有更多物质财富的同时，更应该追求"善"，赋予"善"更加鲜明的时代特色和时代内涵，努力达到真善美的统一。当今社会所提倡的精神文明，从孟子的思想中仍然可以得到有益的启示。这对我们今天腐败现象的治理和自觉抵制腐败思想有着重要的积极作用。

道德是经济基础的反映，并随着经济基础的变化而变化。党的十八大以来强调建设社会主义精神文明与社会主义市场经济相适应、与社会主义核心价值体系相协调、与中华民族传统道德相承接的思想道德体系。当前我们正在建设社会主义文化强国，提升公民道德素养，弘扬中华民族优良传统美德，就需要从孟子思想中发掘出有价值的内涵。当今社会所提倡的精神文明，从孟子的思想中仍然可以得到一些有用的启示。这对我们今天的腐败现象的治理和自觉抵制腐败思想有着重要的积极作用。孟子的德育思想有助于激发中华民族精神、有利于形成崇高精神境界，对塑造人的人格有着极重要的启蒙作用，我们可以继承和借鉴其德育思想精华，不断提高当代人的道德修养，使我们做到"真、善、美"相统一，成为栋梁之材。

参考文献

[1] 孔孟学研究丛书编辑委员会.孟子思想研究［M］.山东：山东大学出版社，1986：196.

[2] 列宁选集（第二卷）中文第三版［M］.北京：人民出版社，

1995：512.

[3] 毕仁义.孟子德育思想及其当代价值研究 [D].安徽工业大学，2017：4.

[4] 刘丽娟.孟子德育思想及其当代价值研究 [D].江西师范大学，2012：7.

[5] 王兴业.孟子研究论文集 [C].山东：山东大学出版社，1986：196.

[6] 孔孟学研究丛书编辑委员会.孟子思想研究 [M].山东：山东大学出版社，1986：191.

[7] 董红利.孟子研究 [M].南京：江苏古籍出版社，1997：61.

[8] 幺峻洲.孟子解说 [M].济南：齐鲁书社，2006：134.

[9] 韦政通.中国思想史 [M].上海：上海书店出版社，1980：185.

[10] 徐兴红.孟子直解 [M].上海：复旦大学出版社，2004：261.

[11] 王其俊.孟子解读 [M].济南：泰山出版社，2003：264.

[12] 连青斌.十九大.理论新视野，保障和改善民生 [J].北京师范大学教育学院学报，2018：15.

[13] 杨泽波.孟子性善论研究 [M].北京：中国社会科学院出版社，1995：29.

[14] 徐兴红.孟子直解 [M].上海：复旦大学出版社，2004：340.

[15] 董红利.孟子研究 [M].南京：江苏古籍出版社，1997：90.

[16] 杨伯峻.孟子译注 [M].北京：中华书局，1960：270.

[17] 杨伯峻.孟子译注［M］.北京：中华书局,1960：302.

[18] 翟庭晋.孟子思想评析与探源［M］.上海：上海社会科学院出版社,1992：100.

[19] 杨伯峻.孟子译注［M］.北京：中华书局,1960：87.

[20] 李小琴.先秦儒家德育思想及其现代价值［D］.扬州大学,2011：62.

[21] 徐铭慧.孟子理想人格思想及其当代德育价值［D］.山东师范大学,2015：36.

[22] 杨伯峻.孟子译注［M］.北京：中华书局,1960：27.

[23] 徐兴红.孟子直解［M］.上海：复旦大学出版社,2004：108.

[24] 张程程.论孟子德育思想及其对当代大学生道德人格教育的启示［D］.哈尔滨工程大学,2013：31-34.

[25] 刘鄂培.孟子大传［M］.北京：清华大学出版社,1998：316.

[26] 黄首晶."道之以德"：儒家道德教育的核心原则［D］.北京师范大学教育学院2004：23.

[27] 杨伯峻.孟子译注［M］.北京：中华书局,1960：159.

[28] 徐兴红.孟子直解［M］.上海：复旦大学出版社,2004：156.

[29] 毛泽东思想基本著作选读［M］.北京：人民出版社,2001：501.

[30] 黄首晶,李松林.儒家"反求诸己"教育方法的现实意义［J］.云南民族大学学报（哲学社会科学版）,2006：31.

[31] 崔华前.孟子的德育方法及其现代价值［D］.武汉大学政治与公共管理学院,2004：19.

[32] 罗茜·洛·诺尔特.环境的塑造.［M］.何意,译.北京：人

民出版社，1987：7.

[33] 杨伯峻.孟子译注［M］.北京：中华书局，1960：111.

[34] 郑楷千.孟子与班德拉德育思想的比较研究［J］.东北农业大学马克思主义学院学报，2017（6）：281.

[35] 徐兴红.孟子直解［M］.上海：复旦大学出版社，2004：108.

[36] 张程程.论孟子德育思想及其对当代大学生道德人格教育的启示［D］.哈尔滨：哈尔滨工程大学，2013：36.

第四章 墨子德育思想

墨家是我国春秋战国时期一个重要的思想学派,墨家思想十分丰富,主张"兴天下之利,除天下之害"(《墨子·非乐上》)。而墨家的创始人墨子,曾师从孔子的嫡孙子思,接受了系统的儒家思想,他生活于孔、孟之间,那个时代周天子的权力日渐衰落,诸侯国的统治者为了壮大自己国家的实力,于是纷纷招揽有学识的人才,这给了知识分子可以尽情展示自己的舞台。因此,形成了百家争鸣的时代,墨子后因不满儒家的"礼",而在自身所学基础之上结合社会现状,开创了以"兼相爱,交相利"为核心的德育思想体系,建构、宣扬自己的学说,形成了与儒家比肩的墨家学派。

一、墨子德育思想产生的背景和理论基础

(一)墨子德育思想产生的背景

经济上,农业工具和耕作方式发生巨大的变化,农耕工具的改变,使农业的生产水平大幅度提高,加上井田制开始瓦解,新的土地制度的出现,社会从奴隶社会逐渐过渡到封建社会。文化上,"百家争鸣"局面形成,人们自我意识开始觉醒,开始自我学习一些技能来提高劳动效率。政治上，周天子王权式微，已经无力统治整个国家，随着诸侯势力的强大，西周的分封制与身份等级制度逐渐被打破，诸侯国之间战争频繁，导致百姓颠沛流离，吃不饱穿不暖。墨子针对当时的现状提出："当察乱何自起，起不相爱。臣子之不孝君父，所谓乱也。子自爱不爱父，故亏父而自利；弟自爱不爱兄，故亏兄而自利；臣自爱不爱君，故亏君而自利；此所谓乱也。虽父之不慈子，兄之不慈弟，君之不慈臣，此亦天下之所谓乱也。父自爱也不爱子，故亏子而自利；兄自爱也不爱弟，故亏弟而自利；君自爱也不爱臣，故亏臣而自利，是何也，皆起不相爱。"[1]墨子提出"兼爱、交利"为核心的思想体系，希望建立一个"博爱"代替"别爱"的理想社会。

（二）墨子德育思想的理论基础

在当时的社会，诸侯混战，民不聊生，百姓流离失所。墨子看到这种种的社会情形，他以"兼爱交利"警告各国的君王和百姓，要相互爱护、相互帮助。又提出"非攻"来反对各国间的不正义战争，同时提出所有人都要崇尚节俭，以"节用、节葬、非乐"来节制各种挥霍浪费，特别是针对统治阶级。又主张"尚贤、尚同"以此打破门第的约束，笼络可以推行墨家思想的人才，以此帮助墨家思想传播，推动人民对"兼爱"思想的认同。墨子德思想很大程度来自孔子，他曾师从孔子的嫡孙子思，接受了系统的儒家思想的教育，也算是孔子的学生，所以墨子的德育思想与孔子的德育思想有很多相同之处。但他在接受儒家思想的同时，也对儒家思想提出异议，他站在平民阶层的立场，为平民阶层的利益考虑，批判儒家重礼仪轻实际的各种不良的社会风气，反对儒家的伦理纲常，墨子在推行其德育思想的过程中，扬弃儒家的"别爱"思想，提出以广大百姓为基础的"兼爱"思想，为他的德育教育奠定了基础。

二、墨子德育思想的内容

墨子德育思想的主要内容有"兼爱、非攻、尚贤、尚同、节葬、节用、非乐、非命、尊天、事鬼",统称为"十义"。

(一)"兼爱、非攻"思想

1."兼爱"思想

首先,"兼相爱""交相利"是墨子德育思想的精华与核心,"兼相爱"可以说是墨子为实现其德育思想最重要的一环,而"交相利"正是其德育思想在实际中应用的结果。这里的"利"又指"天下之利""万民之利"。他认为"利"是相互的,所谓"夫爱人者,人必从而爱之;利人者,人必从而利之"(《墨子·兼爱中》)。他说:"无言而不雠,无德而不报,投我以桃,报之以李。"(《墨子·兼爱下》)这要求人与人之间互相关爱,不能损害别人的利益来满足小我,更不能损害天下大多数人的利益。

其次,墨子为了实现他的德育思想,提出"己先爱人,然后得报""必吾先从事乎爱利人之亲,然后人报我以爱利吾亲也"(《墨子·兼爱下》)。墨子所提倡的兼爱是相互的,也是利他的,就是在必要的时候,为了别人而牺牲自己。这比孔子的"己欲立而立人,己欲达而达人"(《论语·雍也》),以及孟子所说的"推己及人"的(《孟子·尽心上》)以自我为中心的爱,更值得提倡。

最后,"兼爱"有利于社会公平正义,也有利于社会人际关系的和谐,墨子提出"使天下兼相爱,爱人若爱其身""为其友之身若为其身,为其友之亲若为其亲"(《墨子·兼爱》)。墨子的"兼爱"就是平等、相互的爱。他德育思想中的"兼爱"不仅是为了实现社会公平,还为了维护社会安定团结;所谓"若使天下兼相爱,国与国不相攻，家与家不相乱，盗贼无有，君臣父子皆能孝慈，若此则天下治"（《墨子·兼爱上》）。如果他的德育思想得以实现，这个社会也会变得和谐，天下也就太平了。墨子认为，扶困救危、爱人利人的人，就能获得上天的庇佑而得福，用今天的话来说就是好人一生平安，在无形中告诉大家：心存善念的人，最终会很幸福。

墨子提倡"兼爱"，主要目的是实现他理想中的和谐社会，因此他批判传统的宗法制度和儒家伦理。儒家伦理的一切行为规范都以家庭为核心。这种传统的伦理和制度有优点，如国家和家庭的集体观念很重，面对外敌入侵时可以团结起来一致对外，所以中国是世界上唯一一个没有亡国的国家；但是，这种伦理也有很多缺点，如下层人民没有自己的人身权利，人民权利意识淡薄，等级观念浓厚，等等。特别是统治阶级崇尚儒学，在所有的学派中占统治地位，使儒家伦理的许多负面因素泛滥，成为社会生活和治国理政中各种腐败现象的来源。而墨家所提倡的"兼爱互利"中的利他主义还可以纠正儒家伦理中的利己的狭隘心理，从而培养人们的社会公德心。要实现纯粹的利他主义的理想，是一个非常艰难的过程，墨子的德育理想的价值就是在全社会实现其所倡导的德育思想，实现他所倡导建立的理想社会。正是在他倡导的人道、博爱观念同儒家的"别爱、利己"的比较中，才凸显出利他主义对社会的贡献；也正是这种无私奉献和舍己为公的大无畏精神，凸显了墨子和墨家在对社会发展中的伟大贡献。

2. "非攻"思想

鲁国著名巨匠公输班和墨子是同一个时代的，有一次墨子听闻楚国想进攻宋国，原因是公输班制造了一种强大的攻城器械，所以墨子便日夜兼程赶往楚国，想说服楚王不要攻打宋国，墨子先见了公输班，说服了公输班，又在楚王面前和公输班进行攻防大战，都完美地胜过了公输班，最后楚王放弃了攻打宋国。这个故事告诉我们，墨子用他的非攻策略完美地化解了这场战争。后面还阻止了很多大国攻打小国的战争。不仅是墨子，他的弟子们为了践行墨子"非攻"的思想，同样做到了不畏强权，救困扶危。墨子曾说：大国如果有不义的举动，大家就一起阻止它；如果大国攻伐小国，大家就一起救援小国（《墨子·公输》）。所以国家之间无论大小强弱都应该相互帮助，平等交往，这也是"兼爱、非攻"所追求的，也是墨子所要极力实现的。

（二）"尚贤、尚同、节用、节葬、非乐"思想

1. "尚贤、尚同"思想

"尚贤、尚同"思想是墨子在政治生活层面提出的主张，"尚贤"是指主张贤人治国，"尚同"则是主张统一政令。在墨子看来，尚贤、尚同是为政的根本，两者相辅相成，而要实行仁义，就不可不推崇墨家的"尚贤、尚同"学说。他曾写道："古者民始生，未有行政之时，盖其语，人异义。是以一人则一义，二人则二义，十人则十义。其人兹众，其所谓义者亦兹众。是以人是其义，以非人之义，故交相非也。"[2] 同时"尚贤、尚同"思想也是墨子德育思想中的一部分，他主张贤人治国，政令统一，来实现他德育思想中的天下大同、社会和谐的局面。"尚同"是治国理政的根本，"故当尚同之为说也，尚用之天子，可以治天下矣；中用之诸侯，可而治其国矣；小用之家君，可而治其家矣。是故大用之治天下不窕，小用之治一国一家而不横者，若道之谓也"[2]。要成为贤明的君王就要将尚同作为治国理政的准则，以此来实现天下太平。"尚贤、尚同"是"兼爱"思想的补充，"兼爱"主张广博的、相互的爱，要求人与人之间，国与国之间平等相处，而"尚同、尚贤"又与墨子倡导的"尚俭"思想相联系。君王要想天下太平，国家富强，人民幸福，君王必须实行"尚同、尚贤"的

主张。[20]

2."节用、节葬、非乐"思想

墨子时刻以"奢靡之始,危亡之渐"告诫人们,日常生活不能过得太奢侈,要求人们节俭、节用,"节用"是他的德育思想中的重要组成部分。墨子倡导人们在日常生活中都要做到节俭,减少一些不必要的费用,凡事讲究实用,节用的根本目的实际上就是利民。墨子认为统治阶级的日常开销只要满足自身生活需求即可,减少一些不必要的开支,不要太过追求奢侈的生活,不能将自己的需求强加在人民的身上。他还说:"圣王为政,其发令、兴事、使民、用财也,无不加用而为者。是故用财不费,民德不劳,其兴利多矣!"[2]国家想要富强必须要做到节俭、节用,统治阶级首先要做出表率,给他们所统治的人民树立榜样,教导他们崇尚节俭。

与节用相对应的则是节葬,从远古时期一直到现在,厚葬都非常盛行,尤其是在上层社会更是随处可见。面对这种不良的风气,墨子认为厚葬不仅浪费钱财,还损害人力物力,在先秦时期这个物质财富并不充裕的时代,统治阶级为了满足这些需求,增加人民的赋税,更加重了人民的负担。因此,墨子在"节用"的基础上提出了"节葬",是对"节用"思想的拓展。孔子曾经说"节用而爱人,使民以时"(《论语·学而》),一个国家做到以上这些就能变得强大富裕,可以看出孔子也崇尚节俭。孔子并不提倡厚葬,他认为人死后葬礼应一切从简,人死不能复生,发自内心地哀悼就可以了。孔子学生颜回死了以后,其他的学生希望厚葬颜回,孔子并不赞同,后来孔子感叹道:"非我也,夫二三子也。"(《论语·学而》)关于节葬,孔、墨二人类似,但墨子在这基础上增加了自己对"节葬"的理解。他提出"棺三寸,足以朽骨;衣三领,足以朽肉。掘地之深,下无菹漏,气无发泄于上,垄足以期其所"。[2]认为人死后不应该过于去厚葬,他针对当时社会厚葬的不良风气,提出了新丧葬法,要求人们实行"薄葬",人死以后的礼节不要太过铺张浪费,程序也不要太过烦琐,所需要的陪葬品也不要太过贵重。[17]

墨子的"非乐"并不是说墨子不会欣赏音乐,没有乐趣,"学儒者之业,习孔子之术",[3]"乐"是儒家的六艺之一,墨子也算是孔子的学生,"乐"是儒家必学的基础课程。《礼记·祭统》中记载"墨翟者,乐吏之贱者也",可以看出墨子是精通音律的。此外,《墨子·非乐》开篇还写道:"子墨子之所以非乐者,非以大钟、鸣鼓、琴瑟、竽笙之声,以为不乐也。"墨子《非乐上》提出"非乐"的原因,有三点:第一,乐器制造耗费财力与人力。制造乐器是一项很大的工程,耗时耗财还耗力,还加重百姓的负担。所以墨子提出"为乐,非也。"第二,乐器制造完成后,需要大量的人去演奏,还必须是视力和听力都很好、声音协调的年轻人才能胜任,正所谓"耳目不聪明,股肱不毕强,声不和调,明不转朴",[2]年轻人去演奏还会荒废耕种和纺织。另外,对伴舞的人也有要求,"不可衣短褐,不可食糠糟",吃的食物不好,人就没有精神,穿着不漂亮,伴舞的人就没有优美的动作。[4]第三,沉迷音乐还会耽误国家大事和荒废农耕,统治阶级不喜欢独自欣赏音乐,总是要与朋友和臣民一起赏乐。如果君民都沉迷于音乐就会慢慢轻视国家的治理,农业生产也会慢慢荒废,所以墨子认为"乐"不利国家富强和百姓幸福。再加上当时周天子的权力逐渐衰弱,社会享乐之风盛行,王公大臣甚至天子也都沉迷于其中无法自拔,还带领百姓也沉迷其中。

墨子提倡"节用""节葬""非乐"正是因为他清楚地看到了当时统治者们生活方式的腐朽和对底层民众的掠夺,造成了人民饥寒交迫的生活。墨子批评统治者不遵从圣王之道，生活过分奢侈，以此警告统治者不要把自己的享乐带来的负担强加到百姓的身上，免得造成社会不公、民怨沸腾，引发社会混乱，所以就大力提倡"节用""节葬"，以此来达到社会和谐的目标。

（三）"非命、尊天、事鬼"思想

所谓非命，就是反对宿命论，"非命"是墨家重要论题。墨子主张"官无常贵，民无终贱"（《墨子·尚贤上》）。墨子反对命定论，认为人人一切皆有可能，不是出身贫贱就永远贫贱，出身高贵就永远高贵。命定论者认为："命富则富，命贫则贫。命众则众，命寡则寡。命治则治，命乱则乱。命寿则寿，命夭则夭。"[5]墨子批评他们那是"暴人之道"，用命定论者的话说就是，上不听治，下不从事。上不听治，则刑政混乱；下不从事，则财用不足。上无以供粢盛酒醴，祭祀上帝鬼神；下无以降绥天下贤可之士，外无以应待诸侯宾客，内无以食饥衣寒，将养老弱。故命上不利于天，中不利于鬼，下不利于人。而强执此者，此特凶言之所自生，而暴人之道也……此天下之大害也。[5]可见，墨子对命定论思想的批评都是以"利"为基础出发的。因为命定论会让人民失去拼搏的劲，没有上进心，一生碌碌无为，从而得到"刑政乱，财用不足"的结局（《墨子·非命上》）。[14]

墨子认为"天"是宇宙万物之最高主宰，并承认"鬼神"确实存在，"天"为仁义道德的来源，试图以"天""鬼神"的超自然权威为仁义道德的推行提供有力依据，以实现其所要实现的目的。要实现墨子理想中的兼爱社会，"尊天""事鬼"是其中必不可少的一部分，"天"可明察世间的一切，是宇宙万物的最高主宰，天欲义而恶不义。仁义之本在于天意，天意是不可违背的。天可赏善罚恶，行义必得天之庇佑、赏赐；行不义则为天所厌恶，必得天之惩罚。"墨子利用人们对"天""鬼神"的迷信，把希望寄托于"天""鬼神"，希望"天""鬼神"能够制裁那些对人民不公压榨人民的统治者，使广大劳动人民的利益得到维护。

（四）墨子德育思想的目标

为了实现兼爱天下的理想，墨子想要培养以人民利益为重的"兼士"。[15] 易小芬在《墨子教育思想的纵横比较与当代反思》中具体阐述了"兼士"的标准，要培养的"兼士"，是能够以拯救苍生为己任，为天下兴亡图存而赴死的实行家。具体有以下三个标准："厚乎德行，辩乎言谈，博乎道术。"[6] 简单来说，就是要有高尚的德行，做人诚实，能言善辩，只要说出的就会去实践，懂得做人做事的道理，对自己严格要求，还要博学多识。对成为"兼士"墨子提出了严格的要求，必须以"厚乎德行"作为对自身的要求，要有高尚的品德，更要有无私奉献、舍己为人的精神，墨子的德育思想对"兼士"的人格要求，太过于高尚，大多数的人根本做不到，导致其不被统治者和广大的百姓所接受，因为在那个战乱频繁、生产力水平低下的时代，他的德育目标超越了普遍的现实性，脱离了人民可接受的范围，具有很大的空想成分，所以不可能实现。[21]

（五）墨子德育思想的基本原则

墨子德育思想的基本原则非常简单，他招收学生，不看重学生的出身、门第、年龄等方面的情况，对学生都是一视同仁。

1. 广收学生，有能则举

墨子学习孔子，也兴办自己的学校，招收学生，以此来宣传自己的学说，有"弟子弥丰，充满天下"的盛况，墨子彻彻底底把孔子的有教无类贯彻到教学之中并发扬光大。墨子招收学生，从来不看学生的出身，所以他的学生情况非常复杂，他们来自不同的地方、不同的阶级，文化水平、道德修养、性格特征也存在着很大差异，如禽滑釐曾是儒家弟子，先师从子夏，后拜墨子为师；县子硕起初横行霸道，无恶不作，后来却又成为墨子的弟子，后扬名天下。[23]

2. 为义说教、学分三科

墨子把"义教"作为墨家教学的基础教育，除此之外，墨子还注重"谈辩、说书、从事"等综合实践性的教学。[24]墨子的教学内容丰富多彩，他把生产劳动以及自然科学知识等方面纳入了教学之中。墨子不仅注重理论教育，同时墨子还重视自然教育、热爱生产劳动，并要求学生在学习时要将理论与实践相结合，肯定农业生产和手工业的作用。他还提出："今人与禽兽鹿獐鸟虫异者，赖其力者生，不赖其力者不生。"（《墨子·非乐上》）人类与动物最大的区别就是人类能够通过生产劳动来维持自己的生活和需要，而动物只能依靠本能。

（六）墨子德育思想的基本方法

墨子德育思想的基本方法是以学生为中心，要求既要发挥教师在教学过程中的榜样作用，让教师在教学中因材施教，还要发挥学生自我能动作用，让其主动学习。同时墨子还强调学习环境的重要性，具体可分为以下几点。

1. 实践躬亲的示范方法

墨子亲力亲为，做好学生的表率，要求教师既能在日常生活中教化学生，也能在潜移默化中影响学生。此外，墨子还强调实践的重要性，要求言行要一致，认为不管一个人有没有能力、有没有才学，最重要的是实干，不能只谈空话，而不去实行，"士虽有学，而行为本焉"，并反复强调"口言之，身必行之""言义而弗行，是犯明也"。[7]墨家一直以来反对"言过而行不及"，认为会说话而不实干，说得再多也没有什么作用。所以墨子要求言与行相统一，以"兼爱交利"为原则，把成为"兼士"作为自己努力的方向，成为道德高尚的人。现今知而不行或者知彼行此的问题在高校德育教育中是很常见的，我们应该借鉴墨子的德育教育方法，躬行践履，要求从理论与实践两方面入手，将老师课堂教育与学生生活联系在一起来，同时还要求"知"与"行"相结合，以达到德育的目的，使学生最终将德育内化为自觉意识，进而培养符合社会道德标准的行为。[22]

2. 在德育教育过程中教师要主动教学

在施教过程中，儒家提出"叩则鸣，不叩则不鸣"，墨子则极力反对儒家的观点，认为"教师在教学中应该主动教学，墨子把'隐匿良道而不相教诲'视为教师的大恶，把'有道者劝以教人'视为教师的大善"[7]。还提出："有力者疾以助人，有财者勉以分人，有道者劝以教人。若此则饥者得食，寒者得衣，乱者得治。"[7]简而言之，就是人与人之间相互关爱，相互帮助。在实际教学之中，要使学生都明白在"兼爱"的过程之中，教师要扮演主动引导学生的角色，只有行此道，明此理，才能使天下有序。教学不是单方面的，老师与学生之间是相互的，教师在教学过程中应该保持高度的积极性和主动性，以教书育人为己任，充分发挥主导作用；同时学生在学习过程中，也不能缺乏学习的积极性和主动性，二者同向共力，才能实现目标。

3. 因材施教

因材施教最早是由孔子提出的，墨子在这基础上提出了一套自己的理论，由于墨子的学生个体差异很大，他在教学中充分考虑了各种因素，根据学生各方面的情况，采用多样化的教学方式。治徒娱、县子硕曾问墨子："为义孰为大务？"墨子曰："譬若筑墙然，能筑者筑，能实壤者实壤，能欣者欣，然后墙成也。为义犹是也，能谈辩者谈辩，能说书者说书，能从事者从事，然后义事成也。"（《墨子·耕柱》）

墨子为培养"兼士"因材施教,他认为教育所面对的个体存在差异,必须进行因材施教。"夫物有以自然,而后人事有治也。故大匠不能斫金,巧冶不能铄木,金之势不可斫,而木之性不可铄也。埏埴以为器,剖木而为舟,烁铁而为刃,铸金而为钟,因其可也。"(《墨子·佚文》)他用以上的例子充分说明了因材施教的必要性。同时他从学生具体情况出发,根据学生的实际情况设立谈辩、说书、从事三个科目,以便学生们充分展现自己的能力。[23]

4. 潜移默化、熏染陶冶的方法

墨子认为德育教育最关键的就是环境因素,日常生活对人的影响是潜移默化的,不同的环境对人的影响是巨大的。他指出:"人之初,性本灵,染于苍,入于黄。"[7]就是说人的品行,生来都是一样的,成为什么样的人,并不由自己决定,而是由后天环境、家庭或者学校教育的影响决定,他说:"舜染于许由、伯阳,禹染于皋陶、伯益,汤染于伊尹、仲虺,武王染于太公、周公。"[8]舜、禹、汤、武王之所以会成为贤明的君王,是由于他们都有贤臣良相相伴。相反,"夏桀染于干辛,推哆,殷纣染于崇侯、恶来,厉王王染于厉公长父、荣夷终,幽王染于傅公夷、蔡公縠"[8]。他们之所以变成暴君,是由于他们都受到奸臣的影响,最后落得国破家亡的下场。墨子举例说:"其友皆好仁义,淳谨畏令,则家日益,身日安,名日荣,处官得其理矣⋯⋯其友皆好矜奋,创作比周,则家日损,身日危,名日辱,处官失其理矣。"[7]他强调如果交的朋友是忠义贤良之辈,那自身也会受到他们的影响,成为忠义贤良之辈。

三、墨子德育思想的当代价值

(一)墨子德育思想的局限性

墨子德育思想在当时的社会不被统治者和广大百姓接受是有原因

的，它存在着很多不可克服的缺陷，主要有以下两点。

1. 空想性

任继愈认为墨子德育思想有三个矛盾："第一个矛盾是既为劳动者的利益呼吁，又讲全社会同利，即思想的特定阶级内容与普遍性形式之间的矛盾；第二个矛盾，是平等互助观念与等级观念并存；第三个矛盾，是一方面讲究实际、注重实行，另一方面又富于幻想、迷信说教。"[9]春秋战国时期社会生产力水平低下，社会财富不均，统治者们占有大部分的社会财富，所以百姓的生活水平普遍很低，一生都在为了生活和生存奔波，根本无法分出时间来学习；而且自给自足的小农经济加上封闭的环境直接限制了人们的视野。墨子作为平民阶层的代表，希望为百姓谋取利益，但他没有认识到这一切的根源，从而也就无法找到真正解决问题的方法和途径。他认为只要人与人之间相互帮助，相互关爱，那么天下就会太平。要求君王要爱惜百姓，把社会的财富分配给百姓，让百姓都能吃饱穿暖。而这一切都需要统治阶层来实行，他把全部的希望倾注在统治者的身上，也体现出了他德育思想的空想性。[16]

2. 缺乏趋乐避苦的人性基础

墨家思想曾在历史上有过"非儒即墨"的辉煌，却从未像儒家、法家思想一样，成为统治者和人民广泛接受的主流思想，这与墨家思想自身存在的弊端是分不开的。墨子宣传德育思想缺乏群众基础，他认为要达到"兼爱"的理想社会，只需要在"兼爱"中将"非乐""节用""节葬"等贯穿于日常生活中。这要求不管人民是贫穷还是富裕，是平民阶层还是统治阶层都要以节俭要求自己。普通百姓在这个战争频繁，物质财富不充裕的时代本来就已经很艰苦了，墨子却还要求百姓自苦，因此百姓虽然很向往他所倡导的理想社会，但却并没有真正从心底里接受。而要求统治阶级崇尚节俭更是不可能得到支持的。人人都向往美好生活，都希望在付出后获得相应的回报。但是墨子在其德育思想的推行过程中，得到回报的过程是非常漫长的，并且在这个过程中，还要求不管百姓还是统治阶级都要自苦、节俭，白天夜晚不停地劳作，以吃苦耐劳作为最高的行为准则，这对于大多数期盼美好生活的普通民众来说，超出了他们的接受范围。艰苦付出却没有得到相应回报，因此，墨家思想就很难得到广大百姓的支持。

（二）墨子德育思想的进步性

墨子的德育思想不仅在教育上对学生的出身不分高低贵贱，一视同仁，同时作为一种为广大人民群众谋取利益，努力实现人与人之间平等、爱无差别的理想社会的思想，也为化解社会矛盾、建设和谐社会提供了一种思路。

1. 兼爱思想有利于人际关系的和谐

"兼爱"思想在社会人际关系的应用中，是对整个社会乃至整个天下的爱。墨子说："视人之室若其室，视人国若其国。"[1]又说："爱人之亲，若爱其亲。"[10]"兼爱"的对象并不止于亲属或者个人，而是包含整个家庭和国家，再到所有的人、所有的地方。因此，"兼爱"是广博的爱。他的兼爱思想虽然在他所处的时代没有得到普及与认可，但在现代社会却有很大的影响力，与我国的和谐社会建设不谋而合，更有利于调解现代社会的人际关系，缓和社会存在的矛盾。

2. "兼爱、尚同"思想有利于弘扬社会集体主义观念

墨子的"尚同"思想要求中央要统一政令，君臣百姓同心，百姓要上同于君王，君王也要下顺百姓，才能使得国家统一，社会和谐。这个主张和实现国家利益与个人利益之间有着相同之处。上同君王就是为了实现国家整体的利益，而下顺百姓就是为了实现每个人的利

益，墨子提出"尚同"思想是通过构建一个强有力的中央政府，来保障人民利益，实现中央与地方政令统一，这对于我们今天保证中共中央的政令传达通畅，有效防止"上有政策、下有对策"的各种敷衍行为有借鉴作用。"兼爱"作为墨子德育思想的核心部分，不仅能约束和规范人民的行为，还能培养人民群众的集体意识。所以在全面建设社会主义的过程之中，要努力做到以"兼爱"为目的，以"尚同"为手段，向人民群众灌输集体主义的价值取向，强化人民群众的集体主义观念，为实现共产主义添砖加瓦。

3. "节用、节葬，非乐"思想有利于人与自然关系的和谐

墨子的理想社会，要求人们在"节用、节葬"观念的指导下，实现对社会资源的循环利用和再生产，以减少资源的浪费；在"非乐"观念的指导下，尽量避免铺张浪费和奢靡享乐之风的出现，在日常生活中节约资源，保护环境。在社会主义初级阶段，只为眼前利益而不顾长远发展的行为并不少见，这些行为会造成资源浪费和环境污染，进而阻碍社会发展的进程。所以我们在追求物质利益的同时，必须保护自然环境，以"兼爱"的观念为指导，促进人与自然关系的和谐。

4. "非攻"有助于人类社会关系的和谐

墨子"非攻"思想要求国与国之间平等相处，不互相攻伐。在战国时期，大国为了扩张领土和人口，经常发动攻伐别国的战争，而战争所造成的一系列的后果，就是无论战胜国还是战败国最苦的还是广大百姓，所以墨子主张"非攻"，希望以此实现国与国之间的和谐相处，减少百姓的痛苦。构建和谐社会不仅是要实现我们国内的和谐，而且要实现全球范围内的和谐。我国建设社会主义进程中，更需要安全稳定的国际环境。在当今时代，世界上的各个国家之间不应该相互攻伐，而应该相互帮助，这正好与墨子主张的"非攻"思想不谋

而合。

(三) 墨子德育思想对学校德育工作的意义

墨子德育教育的观念对我们学校德育有非常大的借鉴意义,他的"染于苍则苍,染于黄则黄",说的是在教育方面要注重环境的熏陶,学生的成长离不开家庭环境、社会环境和学校环境的熏陶,更离不开老师的影响。所以"现今出现的德育危机,相当程度上是德育环境的危机所致,德育只能在一定的环境中实施,德育的有效性需要与之相匹配的环境支撑"[11]。在这些德育教育的环境中,学校德育环境对学生的德育教育起到了主导的作用,也对学生日常生活的行为起到了约束和规范的作用。在学校德育建设中,学校应该努力建设良好的校园文化氛围,密切关心学生日常生活中的琐碎小事,了解学生学习过程中的实时情况,帮助学生建立一个友好的人际关系圈。最后,教师应该以身作则,给学生树立榜样,在潜移默化中影响学生。

(四) 墨子德育思想对我国和谐社会建设的影响

墨子主张的"兼爱"是不分等级,无差别的爱,墨子在他的德育思想中把所有的"爱"倾注于普天之下所有的百姓,他以人民为根本,借助天的意志为所有人谋求利益。他认为当时种种社会现象发生的根源是人们个人的自私想法、只爱自身而不爱他人,要改变当时的社会现象,只有实现"兼爱"的理想社会,使人与人之间"兼爱、交利"才能改变当前的社会混乱,实现天下大同的社会局面。他指出:"投我以桃,报之以李,即此言爱人者必见爱也,而恶人者必见恶也。"[12] "视人之国若视其国;视人之家若视其家;视人之身若视其身。"[13] 墨子强调平等互利是兼爱社会能够长存的基础,在兼爱的社会里,不管是国家还是个人都要兼爱互利,仁者爱人。而我国社会主义建设是一个长期的过程,在这个过程中,可以有目的地借鉴墨子德育思想在社会建设中的积极方面，制定切合实际的发展目标，以此调动人民群众的积极性，并且在人们付出努力后给予利益的回报。

参考文献

［1］王焕镳.墨子校释·兼爱上［M］.杭州：浙江文艺出版社，1984：106.

［2］方勇.墨子［M］.北京：中华书局，2011：84，115，181，211，277.

［3］邢兆良.墨子评传［M］.南京：南京大学出版社，1993：57.

［4］李纯一.先秦音乐史［M］.北京：人民音乐出版社，2005：241.

［5］孙诒让.墨子间诂［M］.北京：中华书局，2001：273，279.

［6］易小芬.墨子教育思想的纵横比较与当代反思［D］.武汉：华中师范大学，2007：4-6.

［7］墨翟.墨子［M］.上海：上海古籍出版社，1989：7，8，20，107.

［8］熊良智.墨子简本［M］.乌鲁木齐：新疆青少年出版社，2005：11，50.

［9］任继愈.中国哲学发展史［M］.北京：人民出版社，1983：38.

［10］孙冶让.墨子闲诂·大取［M］.北京：中华书局，2001：405.

［11］樊浩."德""育"生态论［J］.东南大学学报，1999（2）：16-23.

［12］王焕镳.墨子校释·兼爱下［M］.杭州：浙江文艺出版社，1984：128.

［13］王焕镳.墨子校释·兼爱中［M］.杭州：浙江文艺出版社，

1984：109.

[14] 张峰屹."交相利"：墨子思想核心新说 [J]. 中原文化研究，2018，6（6）：14-19

[15] 王黎明. 从孔墨教育思想比较审视现代教育 [J]. 广西大学学报（哲学社会科学版），2010，32（4）：97-100.

[16] 吉孝敏. 墨子思想的空想性特征 [J]. 洛阳大学学报，2002（1）：16-17.

[17] 陈旭. 墨子"兼爱"思想对构建社会主义和谐社会的现代启示 [D]. 北京：首都师范大学，2014：6-11.

[18] 李光辉. 墨子和谐社会思想研究 [D]. 北京：首都师范大学，2007：19-33.

[19] 胡锦涛. 在省部级主要领导干部提高构建社会主义和谐社会能力专题研讨班上的讲话 [A]. 文化学刊（2010），2010：24.

[20] 王晓宁. 墨子尚俭思想研究 [D]. 河北：河北师范大学，2018：15-24.

[21] 夏熙婧，周晓波. 墨子德育思想及当代价值研究综述 [J]. 学理论，2018（10）：230-232.

[22] 罗箭华. 墨子的道德思想及其对高校德育的启示 [J]. 高校教育管理，2009，3（5）：74-77.

[23] 郑秀喜，张政. 墨子成人教育思想及其启示 [J]. 中国成人教育，2017（12）：152-153.

[24] 刘丽琴. 墨子教育思想的独特性对现代高等教育的启示 [J]. 中国成人教育，2010（12）：127-128.

第五章 韩非子德育思想

战国末期，诸子辈出，法家以其实用性备受统治者青睐，而韩非子便是法家的集大成者。韩非子出身于韩国贵族，他的一生正值韩国遭强邻入侵，濒于危难之际。韩非子多次上书，希望力挽狂澜，但均未被接受。秦王闻其贤名，于是发兵攻韩，韩非子被迫出使秦国，最后遭李斯妒忌毒杀于秦国，一代天才陨落。目前，学术界大多将注意力集中在韩非子的法治思想上，其实韩非的法治观念中蕴含着丰富的德育内容。随着社会主义市场经济的发展，道德建设越来越受到人们的重视，研究韩非子的德育思想，可以为我们当代德育发展提供新的思路。

一、韩非子德育思想形成的历史背景及理论基础

春秋战国末期，商品经济推动了政治的进一步发展，政权下移，有识之士纷纷奔走于列国，渴望大展宏图，因此出现了百家争鸣的局面。韩非子作为法家代表人物，自然也受到了当时社会环境的影响。

（一）韩非子德育思想形成的历史背景

1. 韩非子德育思想形成的经济背景

在春秋战国时期，土地主要归周天子所有，再由周天子把土地分封给各个诸侯国,世代相传,这种土地国有制构成了奴隶社会的经济基础。战国晚期,伴随着铁犁牛耕的推广,生产力得到了极大的解放,"井田制开始瓦解,土地私有制的趋势已不可遏制,迫使统治者不得不做出让步"[1]。公元前594年,鲁国率先颁布"初税亩",承认了土地私有制的合法性,农业技术的革新也推动了手工业商业的发展,与此同时,法家人物纷纷登上历史舞台,从李悝、吴起的改革到商鞅的奖励耕战无不推动着土地私有制的进一步发展,为君主树立"以农为本"的观念打下了基础。韩非子指出,雄才大略的君主理应重视农业,以农耕来引导社会风气,治理民众。经济的繁荣使人们产生逐利思想,为规范社会秩序,德育观念应运而生。

2. 韩非子德育思想形成的政治背景

西周时期,奴隶主阶级在政治上实行分封制,然"礼乐征伐自诸侯出"[2]。血缘关系已无法维系社会的整体发展,政权下移,旧的政治制度腐朽不堪,奴隶主阶级对下层劳动人民的剥削日益加重,引起了人们的强烈反感,新的政治制度却尚未建立,"人的思想和智能得到了种种尝试和鼓励"[3]。有识之士纷纷另辟新径,新兴地主阶级为了获取更多的政治利益,纷纷开始政治经济变革,招揽人才成为社会潮流。法家认为,社会的发展应争于气力,注重改革,符合时代要求。管仲率先提出礼法并用,为齐国的政治发展扫清障碍。李悝在魏国实行"食有劳而禄有功";商鞅则更加激进,直接取消世卿世禄制度,为"秦王扫六合"奠定了政治基础。法家以强制手段解决社会矛盾,既有实用性又立竿见影,故维护君主专制的法家德育观点受到各诸侯国的青睐。

3. 韩非子德育思想形成的文化背景

春秋战国时期,诸子百家为实现自己的抱负纷纷游历各国,出现了"后车数十乘,从者数百人,以传食于诸侯"[4]的景象,礼崩乐坏,宗法体系崩溃,原有的道德体系落下神坛,生产力发展使人们的行为一切向"利"靠近,道德和利益的冲突日益明显。为了重塑社会道德规范,诸子百家纷纷提出了自己的观点,儒家推行仁政,克己复礼,然"迂远而阔于事情";墨家提倡兼爱、非攻,并不符合诸侯兼并战争的需要;道家追求无为,顺应自然,渴望回到小国寡民的时代,过于消极,在"以攻伐为贤"的时代无法立足;而法家则提出"事异则备变"。韩非子认为:"不期修古,不法常可。"[5]立足现实,赋予新的道德内涵,强调法治,在有限的时间内迅速地建立了社会道德规范,既具实效性又具可操作性,所以"面临这样的社会文化大转型期,唯一能应着激变的时代,相应地提供新观念,推动这时代社会文明变迁的,即是法家"[6]。

(二)韩非子德育思想的理论基础

1. 韩非子人性自私论内容

荀子认为人性本恶,韩非子虽未完全继承老师性恶论的观点,但也认为人的本性是趋利避害的,追逐利益是每个人的天性。管子认为凡人之常情,见利没有不追求的,见害没有不想躲避的。对物质利益的追求,是人亘古不变的特性。韩非子继承了管子的观点,他认为,追逐利益是每个人的行为准则,人与人交往是以利为前提的,有利的人们就去追求,匠人希望人可以死亡并制作棺材,并不是说他的内心有多恶毒,只是在利益的驱动下的行为罢了。韩非子认为所有的社会行为都是基于利益的考量,在君臣关系上,韩非子认为:"君臣之际,非父子之亲也,计数之所出也。"[7]君臣之间只是相互换取利益的过程,君王需要臣子的智慧和忠心,臣子需要君王赋予的官爵,使君臣关系打上利的烙印。在家庭关系中,人与人之间也是以利为前提的。

他认为，统治者爱护百姓，是为了战争的需要，百姓帮助他人，并不是因为亲情的影响，只是被利益驱使罢了。在韩非子这里，关爱他人只是在利益的驱动下的一种本能行为，亲情成为利益的附庸，在其他社会关系中，韩非子将人所有的行为都以"自私自利"的人性论加以解释。人的积极进取是为了满足个人的要求，满足个人利益和避免利益损害是人一切行为的原始驱动力，而对利加以引导，不否定人之本性，引导民众的道德发展方向，构成了韩非子德育思想的重要基础。

2. 韩非子的功利主义观点

战国末期，诸侯割据，新兴地主阶级登上了历史舞台，为了维护其既得利益，各国纷纷实行变革，尤以商鞅变法最为成功。维护君主专制，奖励耕战，提高综合国力，这都是商鞅变法中的重要内容。韩非子是法家的集大成者，自然而然地继承了商鞅的观点，他认为个人利益的实现是相对的，统治阶级的利益才是绝对的，基于利的前提，为实现个人利益，必须维护君主的利益，为君主的国家建功立业，把是否"为君所用"当成评价人的标准，他坚持食有劳而禄有功的看法，注重实践效果，实际效果具有客观性，这种标准每个人都可以接受，并不会引起纷争，与此同时他提出："夫言行者，以功用为之的彀者也。"[8]意为说话、做事要以取得实际效用、功利为目的，这体现了韩非子功利主义思想，如果为了维护个人利益，就必须维护君主利益，为维护君主利益，就必须建功立业，把个人价值的实现与建功立业联系在一起，这使韩非子的德育思想带有浓厚的功利主义色彩。

二、韩非子德育思想的主要内容及特点

韩非子继承了先秦法家的道德理念，并提出了自己独特的德育思想，拓宽了德育内涵。纵观韩非子的德育思想，可以很清楚地看到韩

非子德育思想具有全面性、实用性和理论与实际相结合的特点。

（一）韩非子德育思想的主要内容

1. 立足现实，丰富德育内涵

法家认为，时代在变，道德标准和道德内涵也因时而变。韩非子继承了这种变革思想，鄙视那些因循守旧的说教者，认为社会在变，德育也应该被赋予新的内涵，认为"常人安于故习，学者溺于所闻"的人，是"没有创新精神的平庸之辈"，用过去的知识经验去看待今时的问题，无法对症下药，所以不值得提倡。韩非子还批判那种拘泥礼教，对社会变革无动于衷的麻木之人，"以不变应万变"的思想是以道德的稳定性去应对变化的社会，只求德育的守恒，不求内涵的拓展，只因循守旧，不赋予新的时代特色，才会使德育真正失去活力。郭巨埋儿曾被视为孝顺的典范，但以今天的观点看，这一做法过于偏激，不符合时代要求的应予以剔除，文化的发展需要扬弃，同理，道德内涵也应该做到扬弃，事实上，"道德观念的变革，道德心理的维新，目标是创造力的表现"[9]。这一观点对正处于社会转型背景下的我国德育具有一定的借鉴意义。

2. 维护社会公德，塑造良好社会环境

在诸子百家中，法家最关注公共领域的建构与开拓，韩非子认为守法即德，人性是趋利避害的，任凭个人私欲泛滥，就难以避免为获取个人利益而侵犯他人利益甚至公共利益的事情发生。面对那些没有道德自觉的人，道德约束会变得极其软弱无力，所以要配合纪律的外部约束，把人的私心控制在合理的范围之内，做到"定分止争"。最基本的道德规范就是守法，"法家认为守法即德，不法则悖"[10]。法是最低层次的德，通过社会管理，每个人都能达到社会的要求，从而维护社会秩序，完成从私德到社会公德的蜕变，这就是韩非子德育思想。亚里士多德曾说："法律是一种秩序，好的法律是好的秩序。"[11]定分止争在于维护良好的社会秩序，塑造良好的社会环境，良好的社会环境一旦形成，就会对社会公德起到一定的规范作用。没有好的法律意识就不会有好的道德行为，把遵守法律当作德育要求，以法制意识对社会道德进行有力的引导，通过赏罚举措在社会上树立强有力的社会公德的良性导向，创设良好的道德舆论氛围，从而塑造良好的社会环境。

3. 引导民众言行，树立良好的道德自觉

韩非子提出以法为教，用法律统一民众的思想，培养社会公德，塑造良好的社会环境，培养民众公私分明的意识，权衡利弊约束自己的欲望。韩非子认为道德对民众的行为无法取得良好的教化作用，在继承商鞅的"缘法而治"的基础上，提出了"刑德二柄"的观点，刑主德辅，把"力"作为后盾的法制思想来引导民众的言行，基于人性的解剖，韩非子认为："一民之轨，莫如法。"[12]法治有其独特的实际效能，一方面可以避免"圣智成群，造言作辞，以非法措于上"[13]；另一方面，对社会的主流思想通过法治予以明确解释，树立主流思想的一元化，引导民众辨别是非善恶，从而树立良好的道德自觉。

4. 法术势兴廉，合理选拔人才

韩非子是法家思想的集大成者，提出了以法、术、势为核心的理论，法对社会秩序及君臣行为进行规范，术以"禁奸"、任能为主要方向，势就是统治者掌握了操纵"刑德二柄"的权势，而韩非子廉政思想主要体现在这三个方面。建立廉政，首先要建立法度，通过规范使官员各司其职，依法办事，"循名实而定是非，因参验而审言辞"。[14]根据实际，判断事物，提出具体措施，促使官吏减少贪欲之心，从而更好地廉洁奉公，同时韩非子认为法的制定应符合民心，以人性为出发点加以引导，这样人们才能"乐生于为是，爱身于为非"[15]。从执法角度看，对社会言行提出了规范要求，避免思想的混乱，将法治教育作为兴廉的重要内容，从而做到令行禁止。在术的方面，韩非子提出了明法令以防患于未然、立廉耻以励下、用术查奸治贪，明确法令，发挥赏誉，用术监督威慑，高薪养廉，使贪腐之人不敢妄动，从而兢兢业业为统治者服务。而势是法、术的前提，君主必须有势，才能有威严，才能"以势倡廉"。有廉政这个前提，合理选拔人才顺理成章，以贤选才，必须保证官员无法权力寻租，筛选过程合理依法，真正地选出国家所需的人才，严格考核管才，按法考绩，考察鉴别，从而做到"因法择人，量才施用"[16]。

5. 施政利民，构建和谐社会

战国末期，韩国国力日渐衰落，为使国家崛起，韩非子提出利民观点。韩非子利民途径主要是奖励耕战利民、明布法令教民。韩非子认为，当下之世，争于气力，诸侯兼并，需大量物资补充，通过法治，明确赏罚，以爵位为诱饵，鼓励人民参与到农战政策中来，这样国家才能获得源源不断的物资补充，争霸战争具有物质基础。明布法令教民，主要指颁布法令，使人民在法律的范围内办事，任何违法行为都会受到严惩，这不仅是对民众的约束，更是对民众的保护。在那个战乱时代，绝对的公平和正义是无法实现的，但韩非子通过法治使相对公平得以实现，唯贤举能打破了传统的世卿世吏制度，在一定意义上肯定了人们身份的平等，为公平正义提供了可能，这对构建和谐社会有积极的促进作用。韩非子主张减少徭役减轻民众的负担，他提出："苦民以富贵人，起势以藉人臣。"[17]可见韩非子的观点与管子的"取民有度"是一致的。韩非子与先前的先秦诸子们一样，都有一份强烈的社会责任感，都希望通过自己的学说结束混乱的社会局面，使百姓过上安定、富裕的生活，韩非子在伦理方面并非提倡公平、正义基本价值相违背的"恶"，而是体现了人们一直寻求的"善"，这种观念正是对人类大同的终极关怀。

6. 取之有度的生态道德观

韩非子认为，万事万物都有其道，人与自然正是要维护这种道，自然法则为万物提供了生存之法，人只有顺从自然法则，才能避免受到伤害，他认为："民独知兕虎之有爪角也，而莫知万物之尽有爪角也，不免于万物之害。"[18]没有准备的人不能避免万物的伤害，理解借鉴自然法则，按自然法则办事自然会免受伤害。顺从自然变化，即使土地不增多，天时的作用和人的努力也会使收入增多。遵循自然法则办事，对万物的特性加以利用，往往不用花费太大力气而事半功倍。周公说："冬日之闭冻也不固，则春夏之长草木也不茂。"[19]韩非子同意周公的看法，一切事物都是有衰有盛，大自然不能总是浪费和消耗，要把开发和保护结合在一起，这样才能使自然资源长久的存留下来，真正做到人与自然的和谐，这与我们当下所提倡的生态价值观不谋而合。

(二) 韩非子德育思想的主要特点

1. 全面性

韩非子德育思想所体现出来的全面性也可以表示为整体性，一方面，他把法制与德育两者相结合，通过法治措施，使德育受众范围扩大到每一个阶层，提出"治也者，治常者也"[20]。以法为本，从君主到普通的民众没有一个不受法律的制约，不在法律的保护之下，在法律的范围内实施各种社会行为。因此，他们的思想也受法律中德育的影响，使他们的行为时时得到规范。另一方面，"根据每个成员的不同情况，吸收不一样的声音"[21]对此针对性地提出了不同的德育要求，而且提出了可操作性的教育方案，对君主，他主张君主要尊贤崇德；对于臣子，他认为，臣子需各司其职，明白大忠和小忠的区别，公私之间的区别，从而达到尽忠为公的目的；对平民百姓，他希望百姓能够明白忠孝、仁义的内涵，事农耕而非"末作"。最后，法制的实行从目标、内容、措施到影响无不突出着德育教化的特点，为整个社会塑造了良好的德育环境。

2. 实用性

韩非子继承了法家讲求时效，注重功用的特点，他认为世人大多看重文学辞藻，而忽略了其重要内涵，因为辞藻华丽而忘记了其实用效果，流于形式，无法实施，这是韩非子所不提倡的。韩非子对实用的提倡来源于他的功利主义，诡辩之所以没有价值，关键在于它无用，作为一个关注时事的理论家，韩非子从来没有忘记复国强兵，他认为，重诡辩轻实用会破坏富国强兵的基础。韩非子认为君主应该听取有实用的学说，否则臣下就会用辞藻华丽的学说来迷惑君王，让君王无法辨清忠义之言，沉迷于臣子为他所堆砌的虚假大厦中，丧失了赏罚的威严，也使得那些有真才实学的人望而却步。因此韩非子主张在社会上引导民众从事有实效的生产活动，打击那些不致力农业生产而凭借诡辩之词在社会上出名的人，积极树立教育典范，不仅能节约教育的成本，更能引领社会风尚，有利于德育的进一步发展。

3. 理论与实际相结合

韩非子并不看重过去和将来，主要关注现世。不同的时期，有不同的矛盾，对于这些矛盾也有不同的解决方案，对于现世，不可搬用过去的解决方案，儒家把理想寄托在古时三代，而法家只注重现世。在诸侯割据的前提下，为复国强兵，就要奖励耕战，就要顺应民心，韩非子虽然主张"寡赏少恩"，但是并不提倡君主滥用刑罚以致丧失民心。韩非子德育理论是和实践挂钩的，主要是为实践服务的，所以会因时而变，"法与时转则治，治与世宜则有功"[22]。德育内容不是一成不变的，要以时间地点和教育对象为转移，在制定德育目标时，应关注现实状况，对德育主体和客体都要根据现实状况做出相应的改变。

三、韩非子德育思想的评价及对当代社会的借鉴意义

韩非子的德育思想因具有很强的实用性而对维护社会秩序提供了一定的理论指导，但我们也应看到其德育思想是为维护君主专制服务的，过于强调刑主德辅的理论为社会的发展埋下了深深的隐患。尽管韩非子的德育观点具有一定的局限性，但是对于当代社会德育内涵拓宽和发展仍然有重要的借鉴意义。

（一）对韩非子德育思想的评价

1. 为国家的发展提供了良好理论指导

众所周知，秦原本是一个"僻在雍州"的经济政治文化相对落后的国家，没有资格参与中原各国事务的管理，直至秦孝公重用商鞅开始"弃礼任法"，实行"法治"而使秦一跃为七国之首并最终实现了逐鹿中原的伟业，可见其"法治"对秦国的强大具有积极意义，韩非子继承并发扬了法家思想，并在法治的基础上赋予了一定的德育内涵。韩非子德育思想的出发点和落脚点都是为了革除社会上的种种弊端，消弭影响国家健康有序发展的各种势力，匡扶正义，他提出的种种理论都是为了维护君主专政，为了结束社会的混乱，韩非子把法律作为规范社会统治的手段，成为历代统治阶级维护社会稳定的重要工具。韩非子的思想反映了新地主阶级的利益和要求，为结束混乱的社会分裂主义，建立统一天下的君主制提供了理论支持，秦始皇统一天

下后所采取的许多政治措施是以韩非子思想理论为基础的。

2. 过于强调刑罚而轻视道德，为社会发展埋下隐患

韩非子虽然主张德育教化，他把刑罚当作教化的主要工具，而把德当作辅助工具，在实施的过程中更在乎轻罪重罚，不仅对那些有犯罪事实的人加以重罚，更是对那些动过犯罪念头的予以处罚，他强调最大限度地约束臣民，让他们从内心中恐惧法律，不敢挑战法律的威严，韩非子的重刑基于他对人性的不信任，在较轻的刑罚之下，人们往往不以为意。处罚轻，获利大，谁还去遵守法律、遵守秩序呢？韩非子对人性向善并不抱有幻想，甚至说，他完全否认了人向善的可能性，低估了道德的教化作用。秦始皇不仅吸收了韩非子的思想，而且使之极端化，大力推行严刑峻法，把刑当作治理社会的主要工具，焚书坑儒则是否定了德育教化的积极作用，极小的罪处予极重的刑罚，再加上连坐，使秦朝的百姓人人自危、草木皆兵，使民众处于高压状态下，为社会的发展埋下了隐患。

（二）韩非子德育思想对当代社会的借鉴意义

1. 塑造公正法治环境，树立公私分明观念

韩非子认为，法不阿贵，在一定意义上肯定了人的平等性，同样的法律适用于同样的人，这其实是一种法律平等主义，在我们的传统社会中，儒家的法律不平等主义根深蒂固，即不同等级的人适用不同的法律，为统治阶级大开方便之门，在今天，很多人认为官员和平民依然是不平等的，官员逾越法律的特权的事件时有发生，于是就出现了许多民告官的新闻，要塑造公正法治环境就要革除法律不平等主义，我们可以从已有的法律资源中汲取营养成分。作为一个功利主义者，韩非子则认为公私分明，扬公抑私，是对人求利本性的制衡，这对当今司法变革有一定的指导作用。在公共领域内，儒家的泛情主义，

使公共关系温情化，其代价就是公私不明，效率较低。法家把公共关系视为合作关系，虽然冷冰但公私分明，效率较高。在传统社会里，公共领域塑造一直有一定的局限，韩非子的扬公抑私为解决这个问题提供了一定的智慧。

2. 放低起点，重视人的利益诉求

韩非子把德育起点放得较低，对人性有了深入的了解，认为人性趋利避害，并以此建立规章秩序，一方面，倡导理想性的道德并不能解决人们在生活中遇到的问题，如果把德育的起点放得过高，那么会有很多人无法做到设定的规章秩序，就会导致道德崩塌、社会混乱的局面。现代德育应把起点放低，把道德的要求放在大多数人已有的道德水平之上，减少制定"高大空"的目标，从身边小事做起，让每个人一开始就以共产主义的目标去要求，是极其不现实的，应分阶段地培养人们的道德素质。另一方面，韩非子认为："凡治天下，必因人情。"[23]道德教育应以人性为依据，应该尊重人们的利益和需求，顺应名利心争取民心，把人的自立心和自为心吸引到社会生产中来，为社会主义现代化建设服务。管子曾说"仓廪实而知礼节，衣食足而知荣辱"[24]，人们只有在满足了基本需求的基础上才能讲道德，在社会主义市场经济下，应该改变传统教育中忽视个人利益需求的不足，减少重义轻利的种种弊端。

3. 不断发展，拓宽德育内涵

经济基础决定上层建筑，道德的内涵是与特定的历史时期息息相关的，不同的历史时期对德育有着不同的要求，德育不应该故步自封，应做到：因时而变，不断丰富德育内涵，德育思想应该立足现实，尊重民心，在过去的德育内容中，义与利处于对立的状态，如果有人捡到钱包，就应该无偿的还给失主，索要一定的财物就会视为不义之徒。

但随着时代的变化，我们对这一行为表示理解，提出了有偿回报，因为人是趋利的，给予一定的报酬可以弥补心理的落差，这样人人都乐于拾金不昧，予小利而获大影响，那种只拘泥于过去，不因时而变的德育内涵只能抑制人的本性，扼杀人的主体意识，本身就含有不道德的因素，故步自封，最终会使道德观念僵化，道德内容单一，道德目标陈旧，最终使道德教育模式化，流于形式。道德内涵只有与时俱进，因时改变，立足社会实践发展，从实践中汲取新的营养成分，才会迸发出新的活力，真正推动德育的积极健康的发展。

4. 德法互补，提高公民道德自律

中国历史上以德代法的现象屡有发生，但往往导致政体出现问题，有识之士因处于专制统治之下，怯于从体制中寻找原因，而是要求不断加强道德教化，以德代刑，以情代法，使法律成为道德的附庸，人情世故愈演愈烈，然"德厚不足以止乱"[25]。法家的刑主德辅手段，会导致严刑峻法的现象广泛出现，所以也不可取。事实证明，道德和法律都不是万能的，现代社会的德育观念应该从德法对立转换到德法互补上来，良好的道德体系应该建立在完善的法律基础之上，而良好的法律体系也应该有丰富的道德底蕴。道德无法代替法律的威严，而法制的健全也离不开德育的教化，德法互补可以减少法律的滥用，缓和了法律过于严苛的形象，用德化民，为民众心里埋下善的种子，减少了犯罪的动机，德法互补有利于公民形成良好的道德自觉，二者的结合，一方面可以使道德法律化，遵守法律的义务和遵守道德的义务并没有什么不同；另一方面，也可以使法律道德化，有利于增加法律的稳定性和权威性。推动社会主义现代化建设，应该高度重视"依法治国"和"以德治国"的同向追求，重视德育和法治的互补作用，这也是在当代社会中德育发展的一个重要方向。

结语

韩非子将德育思想寓于其法治思想内，立足时代的发展，丰富了德育的内涵，打上了深深的时代烙印。战国末期，诸侯割据，传统的礼法已无法维护社会秩序，韩非子提出用严刑峻法来管理国家，维护社会秩序，基于人趋利避害的本性，韩非子认为为了维护自己的利益有可能会伤害其他人的利益，而法治恰好是弥补人性的良好方法，当然，韩非子德育思想中还有许多不符合当今时代发展要求的观点，如主张以严刑峻法钳制民众，虽可以达到警示他人的目的，但更多的会导致因抵不住严刑逼问而发生的冤假错案，这样做的直接后果是践踏了社会民主。所以对于韩非子德育思想也要做到扬弃，取其精华，去其糟粕，真正地促进其思想发扬光大。

参考文献

[1] 曾竞.法家的"法治"思想及其对现代德育的启示 [D].武汉：华中师范大学，2007：6.

[2] 阮元.十三经注疏·论语注疏·季氏 [M].北京：中华书局，1980：2521.

[3] 朱运龙.韩非子"德育"思想理论研究 [D].成都：成都理工大学，2011：8.

[4] 焦循.孟子正义·卷十二·滕文公章句下 [M].北京：中华书局，1987：427.

[5] 王先慎.韩非子集注·五蠹 [M].北京：中华书局，1998：484.

[6] 邵琴琴.韩非子道德观研究 [D].郑州：郑州大学，

2018：23.

[7] 韩非子. 韩非子·难一 [M]. 北京：北京燕山出版社，2009：206.

[8] 韩非子. 韩非子·问辩 [M]. 北京：北京燕山出版社，2009：238.

[9] 曾竞. 法家德育思想及其启示 [J]. 中国德育，2006，1 (7)：31.

[10] 张世欣. 论法家的德育思想 [N]. 浙江师范大学学报，1997 (5).

[11] Aristotle. The Encyclopedia of Philosophy [M]. New York：Macomillan，1967：255.

[12] 韩非子. 韩非子·有度 [M]. 北京：北京燕山出版社，2009：24.

[13] 陈奇猷. 韩非子诡使 [M]. 上海：上海人民出版社，1974：28.

[14] 韩非子. 韩非子·奸劫弑臣 [M]. 北京：北京燕山出版社，2009：56.

[15] 韩非子. 韩非子·安危 [M]. 北京：北京燕山出版社，2009：113.

[16] 甘守义.《韩非子》中的人才观 [N]. 学习时报，2018 (3).

[17] 韩非子. 韩非子·备内 [M]. 北京：北京燕山出版社，2009：68.

[18] 王先慎. 韩非子集解·解老 [M]. 北京：中华书局，1998：159.

[19] 王先慎. 韩非子集解·解老 [M]. 北京：中华书局，

1998：161.

［20］韩非子.韩非子·五蠹［M］.北京：北京燕山出版社，2009：276.

［21］王楷越.韩非子德育思想研究［D］.蚌埠：安徽财经大学，2017：31.

［22］韩非子.韩非子·心度［M］.北京：北京燕山出版社，2009：293.

［23］韩非子.韩非子·八经［M］.北京：北京燕山出版社，2009：264.

［24］管子.管子·牧民［M］.北京：北京燕山出版社，2009：11.

［25］韩非子.韩非子·显学［M］.北京：北京燕山出版社，2009：283.

第六章 管子德育思想

一、管子德育思想的形成和理论基础

（一）管子德育思想的形成背景

1. 政治背景

王室的衰落和宗法分封的破坏和被摧毁，周天子逐渐失去了统治地位，领主的附庸和兼并战争使许多分散的小国逐渐被大国吞并。《管子》一书的作者是管仲，这本书的形成是有着深刻的历史背景的。《淮南子》说："齐桓公之时，天子卑弱，诸侯力征，南夷北狄，交伐中国，中国之不绝如线，齐国之地，东负海而北障河，地狭由少而民多智巧。桓公忧中国之患，苦夷狄之乱，欲以存亡继绝，崇天子之位，广文武之业，故《管子》之书生焉。"可以看出，《管子》一书的产生是为了满足春秋时期政治、经济和军事方面的需要。这是一套治国、强民的思想政治措施。在战国时期，韩非子分析了《管子》这本书的形成原因。他说："今境内之民皆言治，藏商管之法者，家有之。"可以看出，《管子》当时很受欢迎。主要原因是"自治"，即治理国家和加强人民自我管理的方式。《史记·管晏列传》中也说："吾读管氏牧民，山高、乘马、轻重、九府，及晏子春秋，详哉其言之也。既见其著书，欲观其行事，故次其传。至其书，世多有之。"司马迁也评价了这本书《管子》的情况。

2. 经济背景

春秋是一个大分裂、大动荡的时期。由于铁器的运用，农业、手工业工艺技术的提高，各诸侯国对外的开疆扩土，使中华文明的生产力水平有了很大的进步。生产率提高，这是必然的，它的生产关系应该有相应的进步。这又是一个大变革、大发展的时期。

管子（管仲）非常重视经济建设。他认为"是以善为国者，必先富民，然后治之"和"国多财，则远者来；地辟举，则民留处；仓廪实则知礼节；衣食足则知荣辱"意味着只有国家富强才能吸引和留住人民。只有让人民充满食物和财富，人民的心才能团结起来，人民的风气才能更加文明。在经济发展方面，管子提倡"务在四时、守在仓廪"。除了大力发展农业外，他还是中国封建历史上第一个"重商业主义"积极倡导者。

3. 文化背景

西周时期，王室下降，王权旁落，王子们彼此攻击，天下大乱，"周礼"崩塌。管仲的思想经历了从认知到发展，从钦佩到继承的过程。他的思想基于商周文化，特别是基于《周礼》的继承和发展。文化以"齐文化"为母，是治国方政治的宗旨，体现了"尚务实、重征伐"和"论卑而易行"的特点。虽然儒、墨、道思想在人的道德和道德观上有合理的观点，但他们并没有看到道德生活与人类物质生活条件之间存在的联系。

(二）管子德育思想形成的理论基础

1."趋利避害"的功利主义人性论

人性的趋利避害，不是人们传统思想上所认为的自私和不道德行为。人性的优点是不自私和道德的。根据不同的道德标准，趋利避害的人性论观点可以分为：反人性性质、人本性和超人性三种。这三者的道德根本则是损人利己、非损人利己、损己利人。

在人性论上，管子的主张是人性"自利"，认为让民众感觉有利可图，"虽不召而民自至"，"自利"是人所共有的情结。"民，利之则来，害之则去。在人民的情况下，水已经消失，四个地方别无选择。"然而，管子并未走向极端，他认为"自利"与"利"不仅可以调和，甚至"自利"本身就是一种内在的善。既有"自利"之德，又有"利润"之德，唯其如此，事君才不至于有二心。要警惕人性的好逸恶劳，警惕农事的荒废。人性本无两样，人的性情是可以掌握的。

2."经济决定道德"论

《管子·牧民》认为治国的首要任务是解决吃饭（食欲）问题。"凡有地牧民者，务在四时，守在仓廪。"解决吃饭问题的关键在于不扰民，不破坏春耕、夏种、秋收、冬藏的生产节奏。《管子·轻重戊》描述了因不遵守"四时"而不遵守"仓廪"的严重后果。齐桓公欲灭鲁梁，用管子建议，采取商战。齐国故意以重金从鲁梁大量进口"绨"，鲁梁人见有利可图，于是废耕而作绨。一年之后，鲁梁全民作绨，贩卖绨之马车，往来频繁。"郭中之民，道路扬尘，十步不相见。"管子曰："鲁梁可下矣。"公曰，"奈何?"管子对曰："公宜服帛，率民去绨。闭关，毋与鲁梁通使。"公曰："诺。"随后齐国突然撤退，毋和鲁梁将军。结果，鲁梁之民很饿，即便鲁梁之君即令其民去修农业,但由于错过了季节,鲁梁发生了粮食危机。两年之后,"鲁梁之民归齐者十分之六。三年,鲁梁之君请服"。此外,《管子·治国》亦云:"凡治国之道,必先富民,民富则易治也,民贫则难治也。奚以知其然也?民富则安乡重家,安乡重家则敬上畏罪,敬上畏罪则易治也。"

若民众耕种有时,开垦荒地,统治者节省开支(守在仓廪),则国库充足。如果国库足够,荒地被收回,遥远的回归就会到来,人民将和平相处。"仓廪实则知礼节,衣食足则知荣辱"则相反,"不务天时则财不生,不务地利则仓廪不盈"。所谓的"知礼节""知荣辱",即经济基础决定上层建筑。

3."以人为本"论

管仲是我国第一个提出"以人为本"教育理念的人,他认为人是社会的最小单位,君主应该以百姓为天。管仲向齐桓公陈述霸王之业的一段话:"夫霸王之所始也,以人为本",意思是说:"成就霸业的出发点是以人为根本",正是由于"以人为本"的理念才让齐桓公成为春秋"五霸"之首。

《牧民》是《经言》的首篇,也是《管子》全书的首篇。所谓"牧民",即治理百姓[5]。《管子·七法》云:"养人如养六畜。"从这一点看,"牧民"与现代民主观念似乎有违。不过,现代民主社会也承认上帝之于民众类似牧人之于羊群。如此看,"牧民"隐喻并不必然与民主相违。明确将"顺民心"作为统治之道者,恰恰始于《牧民》。"统治者不折腾,不扰民,民众就会安居乐业"统治者不折腾,不打扰人民,人民将安居乐业。"仓廪实则知礼节,衣食足则知荣辱"让平民百姓安居乐业,摆脱对饥饿和冷漠的恐惧,自然会冷静、慷慨、认识羞辱,表现得优雅。

二、管子德育思想的内容

（一）管子德育思想的指导思想

1. "趋利避害"的功利主义人性论

《管子·禁藏》认为"夫凡人之情，见利莫能勿就，见害莫能勿避"。如何理解"凡人"，《管子》中的《禁藏》说："得所欲则乐，逢所恶则忧，此贵贱之所同有也。"《明法解》中说："人臣之行，理奉命者，非以爱主也，且以就利而避害也，百官之奉法，无奸者，非以爱主也，欲以爱爵禄而避罚也。"可见，"贵""贱"是一样的，"士""人"相同。对于"莫不能"，《管子》认为，"它的商人经过贾，双路，晚上更新一天，千里不远，前者受益。故利之所在，虽千仞之山，无所不上，深渊之下，无所不入焉"。

2. "经济决定道德"的义利观

管子是先秦时期伟大的政治家和思想家。在他的帮助下，齐桓公实现了统一国家的霸权，齐国统一。子曰："桓公九合诸侯，不以兵车，管仲之力也。"可以看出，孔子也肯定了管子的优点。值得注意的是，孔子用"不以兵车"这句话来赞美管子的力量。这意味着孔子利用经济手段和武力以外的政治手段来承认管道的霸权。事实上，齐国的统一不是建立在"军用车辆的力量"之上，而是建立在"通货积财，富国强兵"的管道法则上。《史记·管晏列传》载道："管仲既任政相齐，以区区之齐在海滨，通货积财，富国强兵。"管子的"通货积财，富国强兵"的方法恰恰反映了其义利观对利润的重视。然而，强调管子的好处并不意味着蔑视正义。而且，正如一些人所理解的那样，管子并不绝对反对义与利，将它们对立起来。相反，管子重视正义的作用，看到义与利之间的辩证关系。

管仲在《管子·牧民》中说："礼义廉耻，国之四维，四维不张，国乃灭亡。"在这句话中，管子将正义和耻辱与国家的兴衰联系起来。可以看出，他并不鄙视和否认道德的作用，正如传统观点所认为的那样。管仲承认正义与利益之间的辩证关系，但只有正义与利益的连续依赖，他才相信正义是正义的，正义才是有利可图的。也就是说，首先要有基本的物质生活保障，然后我们才能注意道德。所谓的"仓廪实则知礼节，衣食足则知荣辱"。"凡有地牧民者，务在四时，守在仓廪。国多财则远者来，地辟举则民留处，仓廪实则知礼节，衣食足则知荣辱。"这意味着人们需要最多的衣服和食物。当衣服不温暖、食物不够时，人们会感到寒冷和饥饿，向仪式和荣辱致敬，他们做不到。国家有丰富的财政资源，能解决人民的温饱问题。远方的人会来到你这里，土地普遍开放，人民将安居乐业。

3. "以人为本"的民本思想

据《周礼》记载，"以九两系邦国之民"（《周礼·天官太宰》），意味着统治者应该以人民为基础。然而，将人本思想推向新高度的是管子的理论。管子认为"以人为本"的思想理念体现在"顺民心"上，"政之所兴在顺民心；政之所废在逆民心"。他反对轻易发动战争，认为战争总体而言是伤民的事情，这一点得到了周王朝和各诸侯国的高度赞同，顺应了主流民意；他重视经济发展，认为"是以善为国者，必先富民，然后治之"，"国多财则远者来；地辟举则民留处；仓廪实则知礼节；衣食足则知荣辱"，也就是说，只有国家发展经济才能吸引和留住人民。只有让人民有充足的食物和财富，人民的心才能团结起来，民风才能更加文明；他重视实行同情老人和民生的福利政策。他说"事先大功，政自小始"，就是从大局做生意，从小事把握管理。他要求地方官员回答的问题有一份完整的清单，约六十个具体项目，大多涉及民生问题、选人问题、用人问题等"以人为本"思想理念的具体实施问题，他认为，统治者在认知和能力方面仍有局限性，"虽有明君，百步之外，听而不闻；间之堵墙，窥而不见也"；他认为，首先，我们必须珍惜我们自己的身体，尊重我们的父母和关心我们的孩子，然后做我们必须做的业务。人的生命是做一切的前提。这些都体现了管子的人本思想。

管子说"人不可不务也，此天下之极也"（《管子·五辅》），以人为"极"，从哲学的层面把人锁定为研究对象；管子说"政之所兴在顺民心，政之所废在逆民心"（《管子·牧民》），把"顺民"作为"兴政"的关键；"爱之、生之、养之、成之、利民不德，天下亲之，曰德"（《管子·正》），"爱民无私曰德"（《管子·正》）从道德层面确立了"爱民、利民"的原则；"凡治国之道，必先富民"（《管子·治国》），把"富民"作为治理国家的前提条件。为了管理人民，管子倾向于"法者天下之至道也，圣君之实用也"（《管子·任法》），也就是用"事断于法"的方式管理民众。管子对齐桓公说："齐国百姓，公之本也"（《管子·霸形》），这就是管子民本思想的具体写照。贯穿整本《管子》，从发展生产，改善生活，适应人民需求，解决实际困难等方面"爱人民、造福人民、富民、牧民"的思想和方法，是以人为本的哲学理论和政治实践的完整体系。

管仲在《管子》第一篇《四顺》中开宗明义地提出"政之所兴，在顺民心。政之所废，在逆民心。"人民怕忧劳，我便使他安乐；人民怕贫贱，我便使他富贵；人民怕危难，我便使他安定；人民怕灭绝，我便使他生育繁息。因为我能使人民安乐，他们就可以为我承受忧劳；我能使人民富贵，他们就可以为我忍受贫贱；我能使人民安定，他们就可以为我承担危难；我能使人民生育繁息，他们也就不惜为我而牺牲了。单靠刑罚不足以使人民真正害怕，仅凭杀戮不足以使人民心悦诚服。刑罚繁重而人心不惧，法令就无法推行了；杀戮多行而人心不服，为君者的地位就危险了。因此，满足上述人民的四种愿望，疏远的自会亲近；强行让人民做上述四种厌恶的事情，亲近的也会叛离。由此可知，"予之于民就是取之于民"这个原则，是治国的法宝。"故知予之为取者，政之宝也。"明确提出为政之道，在于"顺民心"。《牧民》开篇就讨论民众的基本需要，"四顺"再次回到民众的基本需要问题与国之四维的关系。四顺即顺应民众的四种基本需要或欲望。顺民心则政兴；逆民心则政废。民众有四种欲望：一是好逸恶劳；二是好富贵而恶贫贱；三是好安全而恶危险；四是好生育而恶灭绝。严刑峻法不足以征服民心，且暴政必导致暴动。顺应民心则远者来，悖逆民心则众叛亲离。统治者若顺应民众的四种欲望，民众就会甘愿为之承受辛劳、贫贱、危险和牺牲。突出管子学的民本思想。

如果统治者不能与民同乐，则民不会与统治者分忧；统治者不能让民生活美好，则民不会为统治者赴死。统治者不能予民（"往者不至"），则民不会报恩（"来者不极"），即"失道者，民众不肯来投"。

4. 社会和谐论

"令顺民心，则威令行"。顺应民心具体包括：第一，用人有方，恰到好处（使民于不争之官），使之"各尽所长"。第二，严格奖惩制度，让公众知道触犯法律是要受到严厉处罚的，"明必死之路"。"严刑罚，则民远邪。"承诺的奖赏必须兑现（信庆赏），敞开立功获奖的大门。"信庆赏"，则民众不怕苦不怕死（民轻难）。第三，量民力，不强迫民众做"不成""不可忍受"之事（不强民以其所恶）。不心存侥幸去冒险做违背民意（不偷取一世）、欺骗民众的事，则民无怨心，上下和谐。这就是《管子》一书时对社会和谐的描述。晏婴继承了管仲的"和谐"思想，进一步说明和谐就像一支乐队演奏，如果乐器只发出一个声音，听起来很难听。只有当不同的乐器发出不同的声音时，才会和谐地结合在一起，才可以播放出色的音乐（《左传昭公二十年》）。

5. 朴素的唯物主义认识论

《管子》提出了著名的"仓廪实则知礼节，衣食足则知荣辱"断言。这一论点达到了简单历史唯物主义的高度。在道德教育中，孔子以德治为基础，是世界的代表。法家强烈反对用道德统治国家的想法。商鞅和韩非都认为道德不能丰富国家，强化军队，把道德视为危害国家的"六虱"。管仲和后来的研究认为，上述观点是极端的，道和法的观点在《权修》中有描述。我相信道德教育是治理国家和人民的纪律，道和法都是不可或缺的。在《正世》中，他指出道和法在某些条件下可能不同。据说古代神圣的君主和神父有不同的监狱奖励，这些奖励随着时代而变化，随着人们思想的变化而变化。做到了"不慕古，不留今，与时变，与俗化"。

（二）管子德育思想的主要内容

1. 力张四维（礼义廉耻），化民为俗

管道理论是开放的，把"礼义廉耻"称为"国之四维"，"四维不张、国乃灭亡"（《管子·牧民》），以"仪式，正义，诚实，羞耻"作为维持国家的四种关系，并把它升至国家纲领的高度。作为一名国家经理，管仲首要关注的是有序。管仲认为，通过表彰仪式，有可能实现"礼仪足以别贵贱"。（《管子·禁藏》）的效果，认为"君臣之礼，父子之亲，覆育万人"（《管子·问》），具有广泛的社会属性，因此对仪式的要求，从"接之以礼，和之以乐"（《管子·幼官》）

的形式，提到"礼不愈节，义不自进，廉不蔽恶，耻不从枉"（《管子·牧民》）的高度，进而通过尊礼以实现"故不逾节，则上位安"（《管子·牧民》）的安定有序的政治局面。管子对尊礼的要求，是全面的，对国君，他认为"礼义廉耻不立，人君无以自守也"（《管子·立政》）；对国人，他主张"贵而无礼者复贱"（《管子·霸言》）。为了便于民众遵守，以"礼有八经"（《管子·五辅》），根据贫富差距，讨论实施细节。可以看出，对管道"仪式"的强调是全面的，从理论的实施到整个实践过程。《管子》之"礼义廉耻"四维，类似《论语》之"智仁勇"与"中庸"、柏拉图《理想国》之"智慧、勇敢、节制"与"正义"。在孔子那里，若具备"智仁勇"三达德，则配称"中庸"之君子。在柏拉图那里，若具备智慧、勇敢、节制，则称得上"正义"之好人。在《管子》这里，若具备礼、义、廉，则堪称有"耻"之国士。

　　从《管子》强调的立法来看，所谓礼义廉以及耻，对于一般民众而言，主要指孝悌、敬业、敬贤三者，并以孝悌为首。《管子·牧民》在强调"四维不张，国乃灭亡"时，原本就先谈论"不恭祖旧则孝悌不备"，提出"孝悌"问题之后，才紧接着提出"四维不张，国乃灭亡"。《管子·大匡》详细列举"有罪无赦"的种种规定，比如"适子不闻孝，不闻爱其弟，不闻敬老国良，三者无一焉，可诛也。"或曰："耕者出入不应于父兄，用力不农，不事贤，行此三者，有罪无赦。"《管子·小匡》提及选拔人才时，亦以"孝悌"为核心标准："为义好学、聪明质仁、慈孝于父母、长弟闻于乡里者。"就孝道而言，《管子》与儒家思想相同。但是，将孝道问题提到立法的程度，"有罪无赦"，显示出《管子》与儒家的差异。除了"孝悌"，《管子》还认为"勇敢"是一种天赋。除了推荐"为义好学、聪明质仁、慈孝于父母、长弟闻于乡里者"外，乡镇负责人和医生还必须注意"有拳勇、股肱之力，筋骨秀出于众者"。两种人才都属于推荐范围，埋没人才者承担罪责。因此，所谓"国之四维"，原本有"勇"。礼义廉耻之中，"义"与"勇"切近。

2. 以法促礼，惩恶扬善

温饱问题解决之后，民众有可能"知礼节""知荣辱"。但是，"仓廪实""衣食足"并不必然导致"知礼节""知荣辱"。饥寒起盗心，固然无礼义廉耻，饱暖思淫欲或欲望膨胀、嫉妒仇杀，同样粗鲁和可耻。在"仓廪实"和"衣食足"之后，有两个关键因素：立法（刑事管理）和启蒙（德治）。

立法（刑治）问题是指，统治者须立法并带头守法，为民众提供可仿效的样式。相反，"上服度则六亲固，四维张则君令行""上无量则民乃妄"，上面的统治者并不受约束，那么下面的人都胆怯而又尴尬。《管子·法法》云："不法法，则事毋常；法不法，则令不行。令而不行，则令不法也；法而不行，则修令者不审也；审而不行，则赏罚轻也；重而不行，则赏罚不信也；信而不行，则不以身先之也。故曰：禁胜于身，则令行于民矣。""上服度"除了指统治者带头守法之外，更重要的是统治者严格执法，依法治国，既不杀无辜，也不赦有罪。"猛毅之君，不免于外难；懦弱之君，不免于内乱。"暴虐的君主被轻率杀害，而邪恶的国王则是有罪或优柔寡断，缓慢而且麻木不仁。相比之下，严刑峻法之杀无赦貌似冷血，却比小仁小义之"赦有罪"更利国利民。《管子·法法》中强调，"凡赦者，小利而大害者也，故久而不胜其祸。毋赦者，小害而大利者也，故久而不胜其福……惠者，多赦者也，先易而后难，久而不胜其祸；法者，先难而后易，久而不胜其福。故惠者，民之仇雠也；法者，民之父母也。"正因为如此，在《管子·小匡》中，管子对齐桓公之好猎、好酒、好色等三大"恶习"均不在意，"恶则恶矣，然非其急者也"。齐桓公问：若此三大恶习皆不为过，还有什么是不可饶恕之恶？管子给出的答案是，"人君唯优与不敏为不可，优则亡众，不敏不及事。"优柔寡断则失去拥护，迟钝不敏则错失良机。

刑法的要义是"刑罚"，而德治的途径是"教化"，教化的主要办法是敬天祭祖。"顺（训）民之经，在明鬼神，祇山川，敬宗庙，恭祖旧。"教化之道，主要有三个办法：一是"明鬼神"；第二个是"祇山川"；第三个是"敬宗庙"。"不明鬼神"，人们就不会理解"礼"的水平，"不祇山川"则不足以建立统治者的"奉天承运""替天行道"的威对。"不敬宗庙"对祖先不尊重，人们跟风（"上校"仿效以上），"不恭祖旧则孝悌不备"。管子把礼、义、廉、耻视为一个国家的四个维度。"四维不张，国乃灭亡。"

从《管子》一书的先后顺序来看，《管子》似乎更看重刑罚，刑治重于德治。不过，从"省刑之要"（尽量减省刑罚）的追求来看，《管子》实际上倾向于"德主刑辅"。《管子·权修》则明确提出"礼法兼用"。"刑治"的关键在于禁奢侈之风。"故省刑之要，在禁文巧，守国之度，在饰四维。"简朴生活则可望简省刑罚，奢侈必导致淫荡放纵，"文巧不禁，则民乃淫"，淫荡放纵、欲壑难平必导致争强好胜或偷盗抢劫。"上服度"与"禁文巧"并列为"刑治"的"两个基本原则"。若"上无量"，且"文巧不禁"，不堵住两个罪恶之源，则刑事频繁（"不璋两原，则刑乃繁"）。

三、管子德育思想对当代教育事业的意义

作为思想家的管子，他在书中倡导"道从德出"，要求君王率先

良行，以便上观下效，教化百姓，安邦兴国，这种观点和儒家、兵家，甚至道家都区别不大，但管子对君王的表率作用做了更为严格和具体的要求，如他提出君王应有"三审""四慎""五务"等，这一点和其他相国乃至后来唐初的魏徵等人不同，也许齐桓公给他的监督权太大了。但让齐桓公始料不及的是，这反过来又强化了齐国君王的统治权，按现在的话来说，就是齐桓公和管子的领导力都增强了。2014年5月4日，习近平同志在与北大的老师和学生交谈时，习近平解释了正确的价值观，并引用了《管子》的"礼义廉耻，国之四维"。立德树人是道德教育之本，是学校思想政治工作的中心环节。习近平的立德树人思想指出了青年思想政治教育的方向。学校要坚定地承担好立德树人、教书育人的神圣职责，把立德树人贯穿到大学生思想政治教育的全过程中，着力培养中国特色社会主义事业的合格建设者和可靠接班人。

（一）教育事业以人为本

基于对个体和国家发展的思考，我国传统的道德修养高度重视对"德"的要求和培养。"德"是古代教育的核心和目的，正如管子提出的"德以合人，量能、谋德而举之"。

管子是我国第一个提出"以人为本"教育理念的人，他认为人是社会的最小单位，君主应该以百姓为天。正是由于"以人为本"的理念才让齐桓公成为春秋"五霸"之首。所以，教育要本着以人为本的原则，让被教育者从内心深处彻底改变，而不是只重视成绩、升学、知识的灌输。作为一个老师要以学生为根本，而不是以自我为中心，强制学生服从，如果这样教育就属于本末倒置了。

管仲尤为重视人才战略，他认为国家兴亡，与对民众的教化是分不开的。他一直强调对民众进行四维的教化，现在看来这确实是社会的基础教育。文明社会中不能没有礼、义、廉、耻四维立体人格的教育。四维是一个人世界观、人生观的基础，如果人没有礼、义、廉、耻，这个社会将是一个什么样的社会，可想而知。其实礼、义、廉、耻四维的教育是最基本的教育，2500年前的管仲就认识到国以人为本，人以教为基，教以德为先，德以礼、义、廉、耻四维为魂的思想。

管子的德育思想可促进青少年价值观的形成。正如他所强调的："一年之计，莫如树谷；十年之计，莫如树木；终身之计，莫如树人。一树一获者，谷也；一树十获者，木也；一树百获者，人也。"

(二) 教育职业化，分教理念

现在的中学分职业学校和普通学校，大学分不同学科不同专业，其实最早提出分教思想的是管仲。管仲将社会底层划分为"四民"，即学者，农民，工人和商人。他认为这四类人不能混在一起。他提出："处士必于闲燕、处农必就田野、处工必就官府、处商必就市井。"从教育的角度来说，管仲可谓是我国职业教育的鼻祖了。

农民的儿子往往是农民，工人的儿子往往是工人，企业家和商人的儿子常常是一个企业家或商人。通过这种方式，不同的知识根据不同的职业教。除了专职教师，这也是教育的一种好方法。虽然现在家传技术越来越少了，但对老师来说，应该根据学生不同的特长来对孩子进行专业的训练和学习让孩子发挥长处，最后至少有一门技艺，才能在竞争中有立足之地。

(三) "弟子"教育

《管子》中"弟子"教育的思想主要体现在《弟子职》篇中。"弟子职"，即学生的本分和职责。《弟子职》详细记述了弟子在事师、受业、洒扫、执烛坐作、进退之礼等各个方面的事务，可谓事无巨细、无所不包，体现的是古代的师道尊严，也体现出当时的教育管理规范。

《弟子职》可以说是中国古代教育史上第一个较为完备的学生守则，在学生德育方面起到规范与引导的作用。此外，"弟子"教育思想也包含着对学生规矩意识、角色意识以及责任意识的塑造。

尊师重道、好学无怠，这是"弟子"教育中对学生最主要的两点要求，一个是对学生"做人"的教育，一个是对学生"做学问"的教育。《弟子职》中把对学生的教育融入日常事师、受业、洒扫、执烛坐作、进退之礼等事务中，强调修养心性是一个长久的过程。当代思想政治教育对受教育者的引导教育也应该如此。培养"人"的教育事业本来就是一个长期性、终身性的过程，不可急于求成。

尽管《管子》所述的德育思想有着历史的局限性，但其"以人为本"、"与时变，与俗化"、"终身之计，莫如树人"的德育思想仍有着很强的可操作性和借鉴性，指导着高校思想政治教育工作，要求高校思想政治教育工作者以学生为本，尊重和关心大学生的前途和命运，一切从变化了的实际出发，开展思想政治教育工作，以良好的道德品质和校园环境引导大学生树立正确的世界观、人生观、价值观。

参考文献

[1] 王新军，秦克寅.管子的人性思想研究 [J].管子学刊，2015，(04)：20-23

[2] 闫伟，杨国平.管子治国思想的哲学依据 [J].宜春学院学报，2018，(05)：15-19

[3] 吴秋华，肖洪英.管子为政思想研究 [J].枣庄师专学报，1997.(02)：87-90

[4] 刘东升.管子良法之治与法的至上性思想分析 [J].甘肃理论学刊，2015，(02)：151-154

[5] 赵曙光.管子思想对大学生思想政治教育的启示[J].经济与社会发展,2011,(11):170-72

[6] 张连伟.论管子的仁义思想[J].管子学刊,2006,(02):5-7

[7] 廖人杰.管子道德观及其现实意义[J].湖南广播电视大学学报,2001,(01):24-27

[8] 张连伟.管子与荀子思想之比较[J].管子学刊,2001,(04):11-16

[9] 王成,裴植.管子忠思想研究[J].管子学刊,2007,(03):14-18

[10] 梁启超等编著.中国六大政治家(上)[M].北京:中华书局,2014:1-25

[11] [清]惠栋.易汉学[M].上海:上海古籍出版社,1990:62.

[12] [英]霍布斯.利维坦[M].黎思复,黎廷弼译.北京:商务印书馆,1985:94.

[13] 黎翔凤.管子校注[M].梁运华整理.北京:中华书局,2004:15.

[14] 魏承思.管子解读[M].上海:上海人民出版社,2014:202.

[15] 陈鼓应.管子四篇诠释[M].北京:商务印书馆,2006:62.

[16] 习近平.在中共中央政治局第十三次集体学习时的讲话[N].人民日报,2014.02.26(2).

[17] 郭沫若.十批判书[M].北京:东方出版社,1996:503-504.

[18] 陈鼓应.管子四篇诠释[M].北京:商务印书馆,2006:223.

[19] 习近平.在全国高校思想政治工作会议上的讲话[N].人民

日报，2016-12-09（1）.

[20] 邹良伟.以家庭德育教育为先导有效开展德育教育[J].辽宁教育，2012，(6)：62.

[21] 习近平.同各界优秀青年代表座谈时的讲话[N].人民日报，2013.05.05（2）.

[22] 习近平.青年要自觉践行社会主义核心价值观-在北京大学师生座谈会上的讲话[N].人民日报，2013.05.05（2）.

[23] 肖菊梅，张杰.性待教而为善--董仲舒人性论之内涵解析[J].黄石理工学院学报（人文社会科学版），2011，(3)：66-71.

[24] 朱玉周.管子与董仲舒"天人感应"思想比较[J].齐鲁文化研究，2010，(09)：37-41

[25] 李霞.略论《管子》的生命哲学及其对老子思想的继承与发展[J].阜阳师范学院学报（社会科学版），2011，(04)：11-14.

[26] 张军.论《管子》整体性经济思维[J].西北大学学报（哲学社会科学版），2011，(04)：132-136.

第七章　董仲舒德育思想

一、董仲舒德育思想产生的时代背景和理论渊源

当今社会，人们对道德教育的重视程度越来越高，"国人素质"这个话题一直是人们探讨的重点，研究董仲舒德育思想对于社会正能量的传播和中国梦的实现都有积极作用。

（一）董仲舒德育思想产生的时代背景

西汉建立后，战国时期传下来的游学风格仍然存在，统治者的治国思想随着郡国平行制度的失败而不断发展，正因如此，儒学在黄老思想衰败时获得了发展的机遇。而就当此时，当政者必须采用一种方法去强化自己，提高自己的威信力，从而获得人民的支持。董仲舒则敏锐地抓住机遇，对儒学进行了创造性的改造，提出了自己的德育思想，提出了加强道统的观念。董仲舒的做法促进了儒学的世俗化。

在我国教育发展史上，借鉴和吸收了董仲舒不少的教育思想。首先，最重要的一点是董仲舒是中国古代著名的儒家学者，在我国历史上，董仲舒思想的影响是显而易见的。其中，《天人三策》《春秋繁露》等著作也有自己的见解提出。董仲舒思想博大精深，不仅包括政治、经济思想，也包括文化、教育思想。其次，政治环境的影响对各种思想的形成有很大的影响，不仅包括积极的作用，而且也包括消极的作用，对董仲舒而言也是一样。董仲舒当时生活的环境，正是汉朝政治动荡的时期，汉朝建立后，一方面因为分封制在汉朝仍旧继续实行，此时的汉朝又是刚刚发展，采取了当时叔孙通提出的通过礼仪来树立统治者的威信；另一方面，黄老思想已经实行了几十年之久，促进了国家与人民的和谐，以及社会的安定，特别是在当时七国混乱的局面发生之后，一定程度上帮助了汉代政权的巩固与稳定。这证明了黄老的思想是有利于西汉前期稳定政权的政策。[1]最后，还有一点是董仲舒的个人努力，使他建构了一套属于自己的教育体系。他对于教育的理解与思考，也对之后中国教育体系和制度的完善与发展产生了非常重要的作用。针对此时汉朝时期大一统的社会要求，董仲舒强烈建议学习易学、尚书学等，在这个过程中，主要以"春秋大一统"为核心观点，结合先秦儒家的各家理论，构筑了一套属于自己的理论体系，而这种哲学体系是唯心主义的，使以中央集权为核心的封建体制成为一种中心思想和理论奠基，并从此成为长达两千多年的中国封建社会的正统思想与意识形态。[2]

（二）董仲舒德育思想产生的理论渊源

董仲舒对于德育思想的研究，是在先秦儒家人性论基础上进行继承、发展的，董仲舒通过研究孔子的性近习远论和孟子的性善论，以及荀子的性恶论，并且结合自己所处的环境提出了自己的人性论。

1. 孔子的人性论

孔子认为性相近习相远，即每个人的本性都是非常相似的，差别不是很大，之所以有区别是由于后天习惯养成的，这也体现了人与人之间的统一性和差异性。就其本身而言，这种观点是正确的，后天的各种行为、生活习惯对一个人的影响是非常大的,也因此为人们对人性的探讨指明了一条道路。当然,孔子对于人性问题的探讨,还能使我们得到许多认识。

首先,孔子认为人的本性是非常相近的,没有什么差异,也没有天生的善恶之分,由于其行为习惯的不同,造成了仁和不仁、善和不善的区别。其次,孔子认为判断一个人善还是恶应该从"仁"和"礼"两个方面去思考,这与"仁"是一致的。忠于"礼"的人是好的,反之亦然。最后,在人们认为人性可以改变的情况下,孔子主张通过"仁"和"礼"塑造人性。

2. 孟子的人性论

孟子是性善论的支持者,他说:"水信无分于东西,无分于上下乎?人性之善也,犹水之就下也。"他认为人的本性是好的,是从人一出生就有的,并不是通过后天的学习才能拥有,孟子还提出了所谓的"四端说",而仁、义、礼、智就是孟子的"四端"学说扩充的四种道德,就是人禽之别的"几希"。[3]孟子从以下几个方面对人性是善做了总结:第一点,他认为我们所强调的人性是善其实也就是指仁义礼智;第二点,他认为每个人的道德心都是先天的,从出生之日起就有,是一种自然的本质,根本不需要后天的学习;第三点,所谓善良的本质是说人性中有道德的萌芽是"端",它需要不断丰富才能得到充分的实现,但这种善良是做一个善良的人的内在基础,每个人都有成为善良的人的可能性;第四点,人和动物之间有差异,即道德心。除了以上这些,还有关键的一点是性善论是孟子仁政核心的理论基石。

3. 荀子的人性论

荀子反对孟子的性善论,他认为人的本性是恶的,"生之所以然者谓之性"(《荀子·正名》),自然而然就有的并不是所谓的道德心,而是一种情欲心和求利心，荀子还说，孟子本身也是认为人的本性虽善，但是这种善性却特别容易丢失，所以就需要后天不断地学习和巩固才可以维持，能达到善是外在文明教化的结果，这也就是所谓的"伪"，荀子认为人具有先天质朴的自然属性就是"性"，通过"化性起伪"达到善。[3]荀子的人性论可以通过以下三个方面来阐述：首先他在天人之分的基础上，提出了所谓的性伪之分，他认为人性是每个人天生就固有的东西，不需要通过后天学习去掌握，就比如人渴了就要喝水，有了眼睛就能看见是一样的，然而，其他像礼仪道德之类的东西却必须通过后天的学习才能拥有，所以这就产生了根本区别，前面所讲的就是性，后天所讲的就是伪。其次，荀子认为对于善的理解，并不是人的本性的问题，因此也就没有善恶的区别。荀子把人的某些生理需求认为是万恶的根源，并且不赞同我们使其随意发展，否则就会出现发生争夺，破坏仁义道德的现象，从而造成混乱。最后，荀子虽然认为人性是恶的，但是这种恶可以通过后天变成善，强调后天社会环境对人性的教育和改造，他倡导通过圣人来制定礼义，"化性起伪"，从而教化人们由恶趋善。

由此可以看出，孔、孟、荀的人性理论对董仲舒的人性论的正式构建产生了不可小觑的作用，孔子对人性论的研究是从宏观层面出发的，并没有清楚的标示出什么是善，什么是恶，而孟子指出人性是好的，荀子则认为人性是邪恶的，董仲舒在他们的论点基础上，详细阐述了善恶。董仲舒借鉴前人观点提出了自己的人性论，即"性三品"说，其对于人性做了善恶两个方面阐述。

二、董仲舒德育思想的理论依据

道德是人们在长期的实践过程中不断强化自我认知的过程，人们会依据自己的经历和社会的主流价值导向调整自己的行为举止，把自己的行为控制在一定时期的社会规范之内。道德发展会伴随着社会整体风貌的变化，是人类走向更高阶段不可或缺的软性规范，和法律相异的点在于，道德需要人们内心的认可并且主动外化于社会生活的不同领域，从而对同辈群体产生积极的价值引领作用。

道德教育是一个很广泛的概念，主要是对个人和群体进行积极地价值感引领，使善者更善，恶者从善，具体的实现途径是多重的，社会的积极氛围会对个体的道德素养提升起到积极作用，家风以及同辈群体间也会形成对彼此的道德教育。从小的范围理解，学校相关思想政治课和社会实践是个体道德教育的主要路径，也是学习者自觉提升自我道德素养的重要场所，内省与外化是德育不可或缺的两个因素，知与行的一致才是道德教育的目的。德育是在特定的发展阶段形成的，与一定的社会要求相联系是德育的重要特点之一。董仲舒的德育也是为一定的政权服务的，使个体能顺应皇权思想，自觉接受统治。

（一）董仲舒的性三品说

1. 性三品说的思想基础

董仲舒的人性论是在孟子和荀子人性论的基础上发展创造的。它与孟子和荀子的人性论既有相同之处，又有不同之处。在"天人感应"的思想中，每个人的一切都来自天，人性也是由天决定的。这与孟子的"良知"理论相似，但不同于荀子的"天人合一"理论。董仲舒还进一步阐述了人性是如何来自命运的，董仲舒的人性论，既与孟子的不同，也与荀子的不同，但是与荀子的人性论特别相近，他解释说，"性"是"生命"，而"生命的本质就是性"。他认为"性"是自然的本性，性就像谷物、茧和蛋，善良就像大米、丝绸和小鸡，好来自大自然，就像米来自谷物，丝来自茧，幼仔来自蛋一样。善与自然的区别就像米与谷物的区别一样。谷物只有加工后才能变成大米，性只有加工后才能变好，两者之间既有联系又有区别。因此，据说"米来自谷物，但不是所有的谷物都是米"。好源于自然，但并非所有自然都是好的。善和米是人们从内心追随的东西，而不是从天的。[4]董仲舒之所以不认同孟子的性善说还有其他方面的原因，孟子只比较了人性和动物性，看到了人性和动物性的区别。因此，他说所有的人性都是好的，董仲舒衡量人性的标准是"善良的人性"，他说人性和动物性是不同的，但这不是所谓圣人所认为的善良。董仲舒认为，"仁爱"是对封建社会一些制度的制定和礼仪法制的规定。一方面，他把封建制度和道德描述为神圣化它们的天意；另一方面，他认为封建制度和道德必须通过强制手段来实施。因此，董仲舒的人性论的核心"王者承天意以成民性"，归根结底是为了维护封建等级制度。

2. 性三品说的正式提出

董仲舒在吸收孟子的善性理论和荀子的恶性理论的基础上，将善性和恶性与阴阳五行相结合，提出了"性三品"理论。他的人性论是基于他的人与自然统一的思想。天定义了人性的来源和本质。董仲舒以"中民之性"为主要研究对象，将人性分为三类："圣人之性"、"斗筲之性"和"中民之性"。因为"圣人之性"是自然的最高的善，不需要教育，"斗筲"本质上是邪恶的，不能接受教育。因此，主要研究对象就是普通人，大多数人都属于所谓的"中民之性"：他们既不是善也不是恶，而是"有善质，而未能善"[5]（《春秋繁露·深察名号》）。有好的品质但却没有表现出来，所以必须对他们进行教育，必须教育做不好的人让它变得更好。

(二) 董仲舒的阴阳五行说

1. 阴阳五行说的思想基础

董仲舒对阴阳五行说的研究是以秦汉时期的信仰为土壤的，将阴阳之道当作天的运行的规律，直接体现为人们的社会政治关系和统治者的政策原则，人们的社会政治关系被董仲舒用阴阳之道概括了出来，提出"阴阳合分论"，他认为世间一切事物和现象都不是孤立存在的，必然有其相对的方面，从而形成一系列对应关系，也因此见证了阴阳五行说的基本骨架、最核心和最权威的内容。

2. 阴阳五行说的系统结构

董仲舒的阴阳五行说的体系是比较完备的，天就是一切的核心，"天者，万物之祖"。[6] "天"具有最高的权威，在要素彼此制约的要求上，阴阳五行说突显了"土"的重要性，并强烈强调了"天"的内在含义和政治道德的象征意义。在内容上，在"天"的意志趋势下，汲取了各家教育家思想，以吉凶祸福作为主要观点，这也是其阴阳五行说的重点，使儒家王道思想的表述有了进一步的发展。[7]

3. 阴阳五行说的哲学观

在阴阳五行说之中，哲学观的部分吸收了儒家的"中和"之道，这是董仲舒站在时代发展要求上提出的，为了论述其中和思想，使儒家的"中道"思想在一定层面上有了创新，也使西汉时期君主专制制度有了哲学依据；从另一个角度来讲，董仲舒认为，在天地中，"中和"是重点，因此他提倡要用"中和"之道来治理国家的这一理念。[8]

三、董仲舒德育思想的主要内容

董仲舒在道德教育方面的研究颇为深刻，他在孔子、孟子、荀子思想基础上，并且结合自己的观点提出了一系列德育内容和方法，具有很大的实践意义。

（一）董仲舒关于德育内容的思想

1. 三纲五常思想

为了维护封建等级制度，董仲舒在系统地阐述传统儒家伦理思想提出了自己的创见，并把这些理论概括为三纲五常的思想内容。三纲的内容是：作为臣子要为君主服务，作为儿子要服从父辈，作为妻子要以夫为天。他还在"天人感应""阴阳五行"的基础上进行了理论论证，他说："君臣、父子、夫妇之义，皆取诸阴阳之道。君为阳，臣为阴；父为阳，子为阴。"（《基义》）[9]

与三纲相对应，董仲舒又提出了五常之道，三纲五常也成为当权者用于调节社会政治关系的依据，这也成为了基本的道德行为准则。董仲舒继承了孔子的仁学思想，描述了"仁"的思想。他用自己的仁义礼智信即五常来配合三纲，他认为统治者应该做到"博爱而亡私，布德实仁以厚之"。（《汉书·董仲舒传》）董仲舒对于"仁"的思想是在主动培养众人的仁德的基础上，教导人们去践行仁者爱人。[10]

董仲舒接着又提出了"义"，他说："义者心之养也，利者体之养也。体莫贵于心，故养莫重于义。"这意味着纠正不适当的行为并使之适当。其中有关正义与利益的关系，董仲舒也清楚地说明了物质利益的重要性和精神追求的重要性。然而，他依然遵循了儒家关于义利的传统思想，主张重义轻利，也就是"利之于人小而义之于人大"就是其观点。[11]

同时，董仲舒提出了"礼"的道德概念，并以此维护封建社会的各种制度，这里所说的礼指的是封建时期的各种制度和规范。他说："王者正法度之宜，别上下之序，以防欲也。"在礼仪教育方面，他还强调了礼仪的现实意义。一方面,他要求汉朝所有的官员和贵族严格执行封建时期实行的等级礼仪;另一方面,他提出了"节民于礼"的思想,强调实施礼仪教育,以防止人民内部的混乱和社会秩序的不和谐。

对于"仁、义、礼、智、信",董仲舒以"智"作为其思想核心,他解释道,什么是智慧?在做之前预言然而后来印证。但凡人想要放弃他所做的事情,都是因为他们预见了事情发展的规律然后去放弃他们在做的事情,就是一个人能够对自己的言行负责任。[12]他理解为,智通常表现为人理性的思考,以及智对个人的行为具有指导和引导的价值与作用,此外,"信"在"五常"中的地位也是非常重要。董仲舒说:"《春秋》以尊礼而重信,信重于地,礼尊于身。"(《楚庄王》)从本质上说,"信"也是为统治阶级奴役人民而服务的。

董仲舒提出的"三纲五常"是当时社会必须遵循的根本道德要求,虽然它对社会的发展发挥着积极的作用,但是也要看到它对社会发展的消极作用。因此,我们要坚持取其精华去其糟粕。"三纲"思想是适应当时统治阶级达到维护统治的需要提出的,伴随生产力的发展,封建社会逐渐走向衰亡,"三纲"思想被人们抛弃了。"仁、义、礼、智、信"在某种程度上体现了人民的愿望和要求,"五常"在维持基本的人际交往方面有重要作用,促进了社会的稳定。它的基本思想伴随着社会的发展而发展,但它所包含的精神价值具有非常重要的意义,其思想早已融入中华民族优秀传统文化之中。

2. 礼乐教化思想

儒家认为礼仪和音乐教育是社会文明和人们行为准则的象征。他们认为礼仪和音乐教育可以促进国家、社会和家庭达到和谐统一的状态,实现有序发展和繁荣。[13]董仲舒在《春秋繁露》中的礼乐教育思想从尊重礼仪、重视信仰等方面进行了总结和概括："尊礼而重信""礼之所重者，在其志"、经礼和变礼、"礼乐之所为兴"。[14]他认为皇帝要接受上天的指令，必须改变旧的制度，这表明他受上天的命令，而不是继承前国王。在新王朝开始时，前王朝的礼乐仪式仍然可以使用。因此，对于新王朝的统治者来说，必须用新的规章去治理社会，才能符合人民的意愿，从而创作新的礼乐来展示统治者的成就。当皇帝没有制定礼乐时，他用前王朝的礼乐来适应世界，教育人民，启蒙的感觉无法满足，赞美的喜悦也无法满足，因此，皇帝可以享受他的成功，也可以享受他的美德。这是《楚王篇》中的阐述，其中也对这一理念进行了讨论。[15]我们可以清楚地看到，"功成作乐"的观点对皇权的要求，目的是让国王取得一些成就。董仲舒的观点充分肯定了一个国王应该制定礼乐制度，但前提是新王朝的统治者会用新的制度治理社会，取得成功，实现社会和谐，新王朝对皇帝的功绩感到满意，与前国王的礼乐相比，新制度更符合当时的趋势要求和后续的发展，能够教育人民，这一观点在董仲舒关于礼乐的思想具有重要作用。基于这一理论，他敦促新王朝应做些什么，这是对王权制约的积极探究。迄今为止，董仲舒所倡导的礼乐观念就此形成，这种礼乐制度是为了对君王及其统治下的民众实行全面的监督。首先，国王必须实施礼乐制度，因为礼乐制度是天意，但在他取得任何成就之前，他仍然可以遵循历代的礼乐教化思想，只有在他做出贡献之后，他才能制定新的教化制度。其次，判断一个君王是否行仁政的标准是有没有天灾人祸。董仲舒的想法实际上是要求统治者对民众要仁慈。当然，在当今社会发展中，随着经济文化等各个方面的不断发展，人们的消费欲望越来越不能得到满足，这对决策者制定政策提出了严峻的考验，事实上，文化复兴的实质是"富然后教"，即重视教育和启蒙。[16]

3. 仁义法和"重义轻利"思想

在中国，有太多教育者的理论我们都可以进行研究，他们对于完美人格最重要的要求是个人人格的培养，当然，董仲舒也不例外，他对人们提出这样的要求，要求加强对个人品德的教育，所以在其德育思想中重点强调"仁""义"和义利观对一个人思想道德的培养。

"仁""义"是董仲舒德育思想的两个基本方面，他对二者进行了区分，认为仁义是有内外之分的。在其著作《仁义法》中，董仲舒认为仁的目的是爱人，在其《必仁且智》一文中也强调了仁即爱人，他指出义之法主要在于要求自己做到正直而不是去要求别人正直，他倡导人们要通过"仁义"去约束自己，从而做一个正直且关爱他人的人。

此外，董仲舒还认为要正确对待"义"和"利"，在他看来，人是由天而生，同时伴随着义和利，利能使人的身体得到补养，义能使人的精神得到充实，二者是不可或缺的。这里所说的义和利皆是封建时期的规定，义是说人们所要遵循的行为规则，利是指用来满足人们对物质层面的追求，他认为人们之所以尽力去提升自己的道德素质，最终不只是为了追求利益和地位，更重要的是为了提高自身素质，这样社会才能和谐安定。所以董仲舒提出的这个思想原则对于之后封建社会的发展影响也是极其深远的。

(二) 董仲舒关于德育方法的思想

德育的核心观是说教育者和受教育者为了完成一定的教学任务，达到相应的教学效果，两者之间进行适当的互动。但在此过程中同样会遇到一定的制约或困难，这需要将道德教育规范视为绝对的证据，要求教育主体双方都必须要找到合适的途径，以获取事半功倍的效果，董仲舒在他的道德教育中针对此原则对老师和学生关系的处理和维持做出了论述。

1. 榜样示范法

榜样示范法是指教育者必须起表率作用，起模范带头作用，通过言传身教来体现教育要求，使受教育主体可以在长时间积累中得到启发，从而做出改变。董仲舒认为，通过身教就可以实现"化民成性"，因此，他特别重视榜样示范的方法及作用。一方面，他极力要求构建合适的伦理道德规范；另一方面，他特别在意有秩序的社会体系的形成，以及良好的个人德育规范的养成。他认为人们应该以自身的模范作用去教育众人，他们一旦不能优化自己，君主的美德就不能得到弘扬，广大人民群众的优良道德素质就难以形成。[17]

2. 情感陶冶法

情感陶冶是一种道德教育的方式，即教师通过在教育教学过程中融入自己的情感表达，用感性的部分渗透到道德教育中，用自己的情感去感染学生，并且获得学生认同，并积极主动地去接受这种教育方式。董仲舒认为，一个人的道德和情感之间有着密不可分的联系，强调道德教育要注重使受教育者区分善与恶，爱憎分明，避免遇到感性和理性问题的影响，从而引导一个人做出正确的判断。

3. 自我教育法

所谓自我教育法，是指人们需要不断挖掘自己的潜力，积极地把相关的要求转化为自己所能理解并接受的部分，从而加强道德自律，提高遵守社会道德规范的自觉性。[18]董仲舒十分重视受教育者本身的自我反省，提倡人们应注重对自己的教育，通过提高自己去带动他人进步，并提出了"强勉行道""迁善改过"等自我修养方法，教育人们要有修己待人的态度，在和人相处的过程中，要做到对自己尽可能严格要求，对别人有最大限度的包容，这就是我们目前道德教育实践活动中所要履行的行为规范，董仲舒还强调人们要注重自我道德修养，不但要有正确的道德认识，而且要在不断的实践中去"行道"，即要勤勉的践行道德规范。

4. 循序渐进法

这种方法是在说在道德教育过程中，应该首先注意的是学生的能力水平，以及对事情的理解程度，从而在适当的时候对学生进行指导和培训，使学生从内心深处去接受这种教育。董仲舒认为，在学习上正确的方法应该是"博贯多连"。就是说"博"和"节"相互统一，循序渐进，才能促使人学有所成。这种循序渐进的方法是对孟子的"不助苗长"的升华，有其内在合理性。

5. 礼乐教化法

礼乐教化法是指在对人们进行道德教育时所运用的"礼"教和"乐"教，从而在此基础上维护社会的安定和人们之间的和谐，进而维护封建等级制度。礼乐教化中的礼是指礼节，乐是指音乐。董仲舒认为，这种道德教育方法是一种关键并且常用的方式，是为了维护当前社会的政治教育，他认为，礼中所包含的社会规范对于人们的行为具有约束作用，而音乐则可以使人们心情愉悦，这里面的内容也是非常容易理解的，很容易被人们接受，人们可以把礼乐教育深入道德教育中，不仅享受了礼乐，而且进行了道德教育。

总之，董仲舒在这里所倡导的关于道德教育的内容、原则和方法都是为了维护封建等级制度，服从或服务于当时的政治要求，维护封建统治者的利益。但这些德育思想也有其积极的影响，对于维护人类社会统一，弘扬道德传统是有积极意义的，有些德育思想，至今仍在广泛使用，所以我们应该辩证地看待其思想，从而更好地为我们今天的社会主义道德建设服务。

四、董仲舒德育思想的评价

董仲舒的一生可以说是伟大的一生、具有贡献意义的一生,他完成了对儒家各种思想的继承发展,提出了自己的儒学理论,为当时封建社会的发展奠定了重要基础。同时,我们也要运用辩证的观点来审视他的德育思想,摒弃其负面思想。因此,我们必须对董仲舒所倡导的德育内容慎重地思考,批判地继承。

(一)董仲舒德育思想的积极影响

董仲舒以自然神论为基础,以君权神权的形式向人民宣告了汉朝的至高性,他主张"罢黜百家,独尊儒术",进而使董仲舒的儒学成为封建正统思想,维护了当权者的利益,也为汉代改革提供理论依据。他的三纲五常伦理思想、以德治为中心的法治和善治思想对封建王朝的发展产生了积极作用,他的观点和理念符合当时社会的要求,有利于中央集权的统一,促进了西汉大一统的形成和西汉社会生产力的发展。[19]董仲舒对于儒家的发展是在孔子孟子儒家思想基础上的创新,他的思想核心仍然是孔孟思想,但他将阴阳五行学说、道家、法家等思想结合起来,形成了自身的新儒学,从而进一步确立了儒学在中国传统文化中的重要性。同时,董仲舒的观点在某些方面维护了统治者的道德素质,促进了社会的稳定和发展,他倡导的道德教育有利于提高人们的思想道德修养,从而安抚人心,维护社会稳定。他的思想还加强了统一理论,当国家遭到外敌入侵时,统一理论可以鼓励人民抵抗侵略,保卫国家。

(二)董仲舒德育思想的消极影响

任何东西我们都应该辩证地看待,董仲舒思想在带来积极作用的同时,也带来了很多负面影响,他的德育思想成为封建社会后期的精神枷锁，限制了人们的思想观念，扼杀了许多人的聪明才智、创造性和积极性，他所实施的一些改革是凌驾于当时的文化和学术之上的，使当时的社会产生了不良风气，使权力成为当时社会的主要稳定器。

总之，董仲舒德育思想的提出，是为了满足当时的社会需求，社会矛盾也在一定方面得到了改善，但是这种思想最终的目的是维护封建统治阶级的利益，也对社会产生了消极影响，所以我们必须切合实际，多角度去看待它，在当今的学习过程中，我们辩证地看待董仲舒思想，从而使中国传统文化得到继承发扬。

（三）董仲舒德育思想的当代价值

1. 推广伦理道德教育，促进和谐社会的建设

如今社会对传统道德教育越来被忽视，经济飞速发展，人们越来越富裕，但相关道德教育却在慢慢流失或消退，如今我们也常常看到类似的新闻报道或者微博头条，如老人摔倒不扶事件、恶意报复事件、校园暴力事件等。青少年和儿童是祖国的未来，我们必须重视对他们的教育，尽可能地为青少年创建良好的社会环境和学习环境，加强对教师素质水平的培训，发挥学生的主体作用，同时社会各界应积极配合。此外，家庭的感染和教育对一个人的成长也有极其重要的作用，家长的素质水平完全会影响到孩子的成长，因此，不管是在学校中，社会中，还是家庭中我们都要帮助和引导学生树立正确的三观。

2. 普及道德教育，培养德才兼备的人才

随着国家对教育程度要求越来越高，国家相关部门对教育方面的投资也越来越多，但是，有时候看新闻我们还是会看到在一些农村地区，或者说是特别偏远的山区，人们连基本生活都不能保障，更不用说对文化教育的重视，这就反映出普及教育依然是很艰难的一条路。一方面，可以帮助他们建设基础设施较完备的学校，改善环境，使更

多的小孩能够适应这个环境，也使越来越多的人能够有去读书，拥有获取知识的机会；另一方面，要完善关于道德教育培训，从幼年时期就开始培养他们良好的素质和相关的规范，董仲舒关于这方面的教育，要求我们必须具有区分善恶的能力并拥有仁爱的心。除了以上这些之外，国家还必须加大教育宣传力度，让更多的人知道，道德教育是必须要进行的功课，从而提高人们的德育素质。

3. 健全道德行为和完善道德评价制度，净化社会风气

在董仲舒看来，社会道德必须要通过不断的实践才能发挥作用，这是一种内在的力量，他会在实践积累中转变为受教育者前进的动力，进而提升道德素质，董仲舒提出的关于化民成性的观点，就要通过这样的方法才能实现，即中间阶层的那些人本身所具有的善的本质可以使其改变，以后以某种方式体现出来。所以，董仲舒一边强调要构建合适的社会道德，一边又要求社会道德实现其内在力，成为评判人民道德水平的标准。

在当今的社会体系中，完整的对于学生的教育体系，是社会伦理建设的重点内容，它不但要求对自身教育内容的建设，而且要求对社会伦理体系进行内化，使得人们的思想道德得到发展，良好的社会伦理有助于和谐社会秩序的建设，但是如果这种好的社会风气没有形成，也没有帮助促进个人思想道德，那么广大人民群众也就不能拥有良好的道德素质，社会化伦理建设就失去了意义。[21]

研究完董仲舒的伦理思想，我们可以从以下三个方面来提升个人道德素质：第一点是加强受教育者自身的发展，可以在优秀者的带领下和个人的模范带头作用下去不断提高个体的道德水平。第二点是不断地改善社会上对人的评价指标，把一个人的才华和道德视为评价的依据，使其能不具有主观性和随意性，以便实施。第三点是进行榜样

教育，使人们在榜样的影响下得到发展，然而在现在的社会中，一部分公共人物不能起到带头作用，反而严重违反了道德法规，败坏了社会风气，使正义的法制体系不能建立，国家和社会威信不断降低，人们对法律的公平公正产生了怀疑，政府及其相关部门的威信力也降低，对社会的稳定造成了危害，所以必须进行整治。管理者要把群众的利益放在首位，从人民群众的角度出发，提高群众的思想观念，至于以权谋私这种违法乱纪行为是坚决不允许出现的。

我们在引导个人提高道德素质的同时，还要提高整个社会的道德水平，现有的道德规范以及法律规范还存在着一定的缺陷，所以必须要加强补充和修改。加强相关的制度建设并且做到切实地执行，这是我们国家和政府必须要做到的，一方面，可以对和谐社会的建立提供帮助；另一方面，可以帮助提升现今社会的整体水平，从而提高国家影响力和政府的公信力。

4. 引领政治、经济、文化的发展，促进国家繁荣与稳定

董仲舒的道德教育提倡当权者通过道德教育的手段管理国家，这是董仲舒道德教育思想的重点。他把道德教育放在维护社会稳定的重要位置，强调治国安邦的重要性。他认为，我们每个人的思想道德修养和社会的道德水平是密切相关的，个人思想道德水平的提高有助于良好社会风气的形成。在当今社会，随着社会各方面的不断发展，以及民众对物质文化要求的增多，我们会发现人们的道德水平却没有很大的提升，在面对金钱和利益时，有时候还是会忽视社会道德。所以我们今天的社会也应该像董仲舒生活的时代那样，进行各方面的改革，在政治、经济、文化等各个方面都应该渗入道德教育，让道德教育贯穿其中，从而为维护社会的和谐安定、国家的有序发展。

总之，当前的社会发展中，还有许多问题需要解决，这些问题存

在于道德，以及思想方面，而董仲舒的德育思想内容和理论也是我们很重要的财富，对于我们今天的学习、生活、工作都有很重要的作用，对于整个社会的和谐安定也是有积极意义的。

参考文献

[1] 李奇儒. 董仲舒教育思想形成的背景及特点 [J]. 衡水学院学报, 2019 (1)：61-62.

[2] 赵艳玲. 董仲舒政治哲学的思想意蕴及当代价值 [J]. 衡水学院学报, 2017 (2)：41-44.

[3] 史玉琳. 孟子和荀子的人性论比较 [J]. 青年与社会, 2015 (4)：263-264.

[4] 苏舆. 春秋繁露义证 [M]. 北京：中华书局, 1992：523-525.

[5] 董仲舒. 春秋繁露, 深察名号 [M]. 北京：中华书局, 2014：68-69.

[6] 刘力. 苦心孤诣天地象——论董仲舒阴阳五行说 [J]. 重庆师范大学学报, 2006 (12)：72-73.

[7] 陈豪珣. 论董仲舒生态神学思想 [N]. 云南社会科学, 2008 (4)：115-117.

[8] 邓艳兰. 董仲舒德育思想研究 [D]. 广西：广西师范大学, 2015：18.

[9] 韩星. 中国文化通论 [M]. 北京：北京师范大学出版社, 2017：260.

[10] 姜碧纯. 董仲舒的德育思想及其现实意义 [J]. 十堰职业技术学院学报, 2006 (6)：65-66.

[11] 孙文胜.董仲舒德育思想对大学生道德建设的启示 [J].河北广播电视大学学报,2009 (2):100-101.

[12] 杨建国.先哲智识与以德驭智——中国传统文化中"智"范畴考察 [J].中国文化研究,2010 (2):119-126.

[13] 陈思璐,吕明珠.浅析董仲舒的儒家礼乐思想 [J].北方音乐,2018 (5):256.

[14] 董仲舒.春秋繁露 [M].北京:中华书局,2013:05-09.

[15] 侯璐璐.董仲舒的儒家礼乐思想 [J].大众文艺:理论,2009 (20):55-56.

[16] 葛士阳.董仲舒礼乐思想的"民主"色彩 [J].青年文学家,2013 (2):15-17.

[17] 游庆国,崔华前.试析董仲舒的德育方法 [J].湖南第一师范学报 2005 (2):51-53.

[18] 钟华勇,崔华前.试析朱熹的德育方法 [J].郑州航空工业管理学院学报(社会科学版),2005 (2):46-48.

[19] 朱晓卉.董仲舒的天人感应对封建统治的理论建构 [D].西安:陕西师范大学,2009:41.

[20] 张鸣岐.董仲舒教育思想研究 [M].北京:人民教育出版社,2000:112.

[21] 张岱年.中国伦理思想研究 [M].北京:中国人民大学出版社,2011:8.

第八章 柳宗元德育思想

一、柳宗元德育思想形成的背景

柳宗元思想丰富，这与他的生活经历有关。幼年的影响，官场的经历无不为柳宗元德育思想的形成奠定了基础。

（一）柳宗元德育思想形成的历史背景

柳宗元出生于公元773年，正值"安史之乱"之后，社会比较安定。二十年没有爆发大的社会问题，虽然如此，平静之下仍暗流涌动，唐朝的社会矛盾逐渐显现，并且愈演愈烈。

顺宗李诵在继位之前做了长达二十多年的太子，他看到了藩镇割据带来的社会混乱，看到了朝廷大臣为了相互争权夺利而不顾百姓死活，还看到了政治的黑暗和腐败。他决心改变这种局面，于是开始组建自己的政治势力。王伾在书法上颇有造诣，成为顺宗做太子时的书法老师，深受顺宗信任。王叔文擅长下棋，是顺宗的围棋老师，所以王伾和王叔文时常交谈并成了好友。顺宗推行改革，他们便在背后出谋划策，成为这个政治集团的核心人物。柳宗元与王伾、王叔文等政见相同，被提拔为礼部员外郎。唐宪宗李纯登基后，对革新派人士进行了疯狂的打击报复。柳宗元被贬到边远贫困的永州,虽然柳宗元官职为永州司马,但是却没有实权。柳宗元感慨政治的腐败与黑暗,空有一腔热血和抱负却无处施展,只能借文学作品表达自己的不满与愤恨,讽刺朝中奸臣的丑恶嘴脸。柳宗元的人生受到了前所未有的打击,他便"不得志于今,必取贵于后"[1],于是开始"读百家书,上下驰骋"。[2]因此,在柳州生活期间,成为了柳宗元思想发展和成熟的时期。

这个时候,柳宗元远离了政治斗争的漩涡,有了与下层人民深入接触的机会。一方面,他结交了一些被流放的官员,了解了政治的腐败和社会的黑暗,写了一些批评社会的作品;另一方面,他走访了永州附近的山区和乡村,并与农民、渔民和猎人交朋友。他关心人民,写了不少深深同情人民苦难的作品。虽未居庙堂之高,但他仍然心系百姓。被贬期间,柳宗元深入百姓生活,了解百姓的疾苦,这些亲民行为都为他以后的思想的形成打下了基础。

(二) 柳宗元德育思想形成的家庭背景

柳宗元,祖籍河东。他的父亲非常有才华,担任过不少的官职。他母亲出生在一个官宦家庭,从小受过良好的教育。柳宗元从小比较聪明,又得到了父母的悉心教导。柳宗元的母亲卢氏信仰佛教,才思敏捷,学识渊博。她教柳宗元背诵诗词古赋,正是由于母亲的启蒙教育,柳宗元对知识产生了强烈的兴趣。因为藩镇割据战火不断,柳宗元的母亲不得不带领孩子躲避战火,她宁愿自己受苦受累也不愿让子女吃苦。母亲的精神也深深地影响了柳宗元。

他九岁那年,唐朝又一次爆发了大规模的割据战争——建中之乱。建中二年,成德节度使李宝臣死,其子李惟岳要求德宗任他为新任成德节度使,但是被德宗拒绝。于是李惟岳连同其他节度使举兵谋反。建中四年，柳宗元为避战乱来到父亲任职的夏口。但是当时的夏口是叛军与官军激烈交战的地方，柳宗元目睹了战争的残酷。

二、柳宗元的德育思想

柳宗元德育思想的提出是有深刻社会依据的。当时的唐朝政治腐败，他认为要培养品行端正、博学多才的君子，匡正时弊，为国为民。

（一）柳宗元德育思想的目的

柳宗元是思想深邃的哲学家、文学家，他主张文以明道，重视文章的内容和文学的社会功能，强调文须有益于世。他提出写作必须有认真严肃的态度，强调作家文化修养的重要性。"他一生有两项重大活动：一是参与永贞革新，一是领导古文运动。这二者都与他复兴儒学、佐世致用的思想有关。"[3]在柳宗元看来，"兴尧、舜、孔子之道"就是行"圣人之道"，圣人之道，就是以民为本，关心普遍劳动人民的生活。我们不仅应当有高尚的道德品质，做到公正无私、为国为民，而且要具备为国为民服务的本领，只有德才兼备才能真正做到为国为民。柳宗元不论是学习还是生活都要求认真务实。"柳宗元一直反对只考经书，而忽视诗赋。诗歌是个人情感的表达，有利于年轻人个性的发展和成长。经典研究只能死记硬背章节和注释，这不仅束缚了青年人的思想，而且抑制了他们的思维和创新能力"[4]。

柳宗元提倡儒家的民本思想，他参与永贞革新，针对当时社会的现实问题提出了一系列措施和主张。他主张减轻人民负担，减少苛捐杂税，改善人民生活。虽然失败被贬，但他依旧坚持，通过写作来表达自己对人民生活的关心和对压迫百姓的行为的批判。官场的经历让柳宗元看到了当时政治的黑暗和社会的腐败，他深深地同情底层劳动人民。只是在当时环境下，尽管他提出的都是利国利民的措施，但是官场倾轧，让他的思想和政治抱负都无法施展。

(二) 柳宗元的德育原则

柳宗元在自己的作品中论述了他的德育思想，认为在德育过程中要注重方式，通过恰当的德育方式来达到培养人的目的。

1. 自然性德育原则

柳宗元在自己的传记《种树郭橐驼传》中，通过郭橐驼种树的方法，阐明了自己自然性的德育原则。

《种树郭橐驼传》中写道："橐驼非能使木寿且孳也，以能顺木之天以致其性焉尔。"[5] 郭橐驼并不是他能够使树木活得长久、长得快，只不过能够顺应树木的天性，不违背树木自身的生长规律，让树木生长得更加舒展。郭橐驼栽种的果树，每一棵都枝繁叶茂，果子结得又大又多。郭橐驼总结的种树经验是要顺应树木自然生长的天性。在教育史上，夸美纽斯也提出过教育适应自然的思想，"教育工作中存在着不以人的意志为转移的客观规律及教育研究应运用先进、科学的方法"[6]。

"柳宗元认为，教育人和种树是一样的，种树不能违背树木生长的天性，育人同样要顺应人的发展规律，而不能凭着我们的主观愿望和情感随意干预和灌输。"[7] 但这并不意味着放任自流，要为受教育者提供必要的发展的良好环境和动力。柳宗元在《天爵论》中指出："善言天爵者，不必在道德忠信，明与志而已矣。""明"为明确方向，"志"为意志坚定。这种自然主义的教育观是有强烈的启迪性的。柳宗元借种树老人之口，表明应按照自然规律教育儿童，不能太过或不及，更不能束缚或残害儿童身心的发展。教育者应该按照儿童身心发展的年龄特征和心理特征进行教育教学，即"顺木之天，以致其性"，不揠苗助长，更不能轻则打骂，重则体罚。顺应天性的教育，不仅有利于发展人的优势、激发学习兴趣、提高学习效率、培养人的创造能力，而且可以培养健康的体魄和勇敢的精神。

2. 民主平等原则

学生和老师之间要保持良好的师友关系，就要做到平等相待、以礼待人。具体来说，教师应该尊重学生，把教授知识作为自己的职业，无论是在学习上还是在生活中，都要跟学生深入交流，爱生如子，不遗余力；作为一个学生，应该努力学习，尊重老师。教师和学生的身份是双重的：一方面，他们是普遍的社会人，即社会公民主体；另一方面，他们是教学或学习的主体[8]。教学是为了不教学，教师的主要作用是引导、帮助和促进学生成长。如果教师能在日常教学和与学生相处时平等对待；少一点苛责，多一点温柔，少一点批评，多一点耐心，循循善诱地教导学生，教师和学生之间的矛盾就很容易得到解决。

柳宗元继承了孔子的"后生可畏，焉知来者不如今也"（《论语·子罕》）；韩愈的"弟子不必不如师，师不必贤于弟子，闻道有先后，术业有专攻，如是而已"（《师说》）等思想，提出了"交以为师"的主张，即师生关系可以成为一种朋友关系（《师友箴》）。他说："世久无师弟子，决为之，且见非、且见罪。"（《报袁君陈秀才避师名书》）还说："仆之所拒，拒为师弟子名，而不敢当其礼者也。"可见，柳宗元在强调尊师重教的同时，提出师生之间应建立一种相互理解、相互尊重、相互信任的新型师生关系。在教育要培养学生的创造力，营造一种平等自由的氛围，让每个学生都能自由呼吸。因此，教师应该从"权威"的心态和"严格纪律"的行为模式中走出来，对学生态度温和，走近学生，与学生交朋友，真诚地融入学生，了解他们，欣赏他们，鼓励他们。只有在民主、平等、自由的环境中，学生才能感受到爱与尊重，从"对象"转变为"主体"，乐观自信；敢于发表自己的见解，提出自己的看法；变得活泼，积极主动，表现出强烈的好奇心和非凡的创造力。

（三）柳宗元的德育方法

柳宗元致力于培养品德兼备的人才，用合适的德育方法来教育人。

1. 疏导教育法

所谓疏导教育法，是指教育工作者在教育过程中，应当在尊重受教育者主体性和身心发展规律的基础上，对其进行适当的规劝和引导。不应强迫他们按照主观意愿行事。柳宗元说："能顺木之天以致其性焉尔。凡植木之性，其本欲舒，其培欲平，其土欲故，其筑欲密。既然已，勿动勿虑，去不复顾。其莳也若子，其置也若弃，则其天者全而其性得矣。"（《种树郭橐驼传》）所谓"木材的性质"，就是要遵循树木生长的自然规律。柳宗元强调只有"顺木之性"，才能"以致其性"，即使树木茁壮成长。在这里，柳宗元借"树"喻"人"，阐述了道德教育必须遵循受教育者的身心发展规律的思想。他指出，如果教育违反了受教育者身心发展的规律，表面上是爱他，但实际上伤害了他。也就是说，严重违反受教育者身心发展规律的教育行为不仅不利于教育者的发展，而且也有害于受教育者的发展。正确的做法是顺应受教育者的天性，通过适当的疏导教育帮助教育主体健康成长。

2. 示范教育法

所谓示范教育意味着教育者应该以身作则，树立良好的榜样。柳宗元十分重视教师在人的成长过程中的重要性。他说："不师如之何，吾何以成。"[9]意思是如果你没有老师，你就无法学会成功，因此，教育者的责任重大。柳宗元充分肯定教师的作用，他认为无师便无以明道，要"明道"必从师。"寻求适合学生的教学，说明学生的中心地位彻底明朗了，教师是为学生服务而存在的。"[10]教师在教育学生时，要以身作则，用自己的亲身示范来达到教育学生良好品质的目的。柳宗元提出了"交以为师"的主张，即老师给学生传授知识就像是交朋友一样平等相待，相互交流、相互帮助、共同学习。柳宗元的"师友"说是传统师道观中影响较大的一种学说，即使是现在这一思想对我们来说仍有借鉴意义。教师的言行、教学态度、思想方法和工作方法等都具有示范性，都能深刻地影响学生，都是应该经常注意的[11]。它显然包含了强调教育者示范作用的思想。

3. 平等教育法

所谓平等教育，不仅坚决反对单方面强调教师尊严，还反对歧视教育者，倡导建立平等的师生关系。民主平等的师生关系是由公民之间的关系决定的。教学不是目的，而教师的主要作用是育人。老师需要有好的想法和方法，通过平等的师生关系，拉近与学生的距离，达到相互学习、共同发展的效果。柳宗元发展了孔子的主张，"认为教育不仅是'教学相长'，而且是'互为人师'，要把学生当作同等的人，当作一个学习对象"[12]。这种思想强调将教师当作朋友，将朋友当作教师，体现了教育民主的进步因素，是关于教师和学生的关系的创新理念。这种观念不仅适用于教师和学生，甚至适用于教师和教师，深刻理解师生"互为人师"的真正价值，发挥教师在教育活动中的作用，建立平等的师生关系，促进师生关系的和谐发展。"交以为师"是一种教育理念，它倡导的是地位平等，要求师生站在同等的位置，师生关系像朋友。教师尊重学生的个性差异，在教学活动中付诸行动，平等对待每一个学生，促进师生关系和谐发展。"教师应转变身份和观念，提高自身的素养，学会与学生进行真正意义上的对话，让二者形成一种共生的关系。"[13]

三、柳宗元德育思想的当代意义

柳宗元的德育思想不仅在当时社会产生了一定的积极影响，在值得我们学习和借鉴。

(一) 柳宗元的德育思想对教育的启示

从教育的场所来看，教育可分为家庭教育、学校教育、社会教育。一个正常的孩子或多或少都会受到这三种教育。

1. 家庭教育的基础性

柳宗元出身于一个文化氛围浓厚的家庭，自小受到母亲的良好教育。柳宗元的母亲不但善于整理家务，而且熟悉儒家经典，为柳宗元的学习奠定了基础。家庭教育，是大教育的组成部分之一，是学校教育与社会教育的基础。教育是一个循循善诱、潜移默化的过程。对于任何人来说，家庭教育的影响都是巨大的，如果一个人没有学习到家庭所传授的那些基本生存技能和基本生活方式，是很难适应社会环境的，同样也不可能适应学校教育和社会教育。家庭教育在个人成长过程中的作用巨大，只有良好的家庭教育，才能培养出一个人健全的人格和高尚的品质。家庭是温暖的港湾，让我们感受爱和关怀。这是其他任何教育形式都不能取代的，它对人一生的成长都起着独一无二的作用。

家庭教育也是一种终身教育。家庭教育不像其他教育那样，它没有具体的学习任务和固定的活动空间，这种学习既有潜移默化的习得又有主动传授。在家庭的日常生活中，父母的行为举止、谈吐方式都会对孩子产生影响，或许是好的，或许是坏的，但对每一个人来说，家庭给人的教育都是在不经意间的，家庭成员总会相互影响、相互学习。即使离开了家庭环境，在家庭中形成的生活习惯和生活方式也始终影响着我们。因此，父母应该注意自己的言行，给孩子做好示范。

2. 学校教育的全面性

学校是教育人的重要场所，学校教育的主要目的是促进人的全面发展，但是现在的学校教育也存在一些问题：教育内容模式化、忽视学生的个性发展、淡化了学生的人格教育，学生像机器一样被迫每天做着重复的事，心里只想着学习，对周围的环境漠不关心。这种机械的学习方式会造成学生的思维方式固定，学生的个性得不到发展，从而阻碍学生的全面发展。学习时间的增多和户外锻炼的时间减少，使学生在学习方面投入大量的时间，其他方面都没有得到良好的发展。同时面对中考、高考激烈的竞争，分数成为评价学生的唯一标准，这些都增加了学生的负担。我们要培养全面发展的人，而不是只会学习的人。教育模式的固化只发展了学生的部分能力，造成了他们其他能力的畸形发展。

（二）柳宗元的德育思想对个人的影响

柳宗元强调后天学习的重要性，提倡博览群书、博采众长。通过后天的学习，提升个人的文化修养，提升自我价值。

1. 对个人见识的影响

柳宗元之所以学识渊博，是因为他涉猎广泛，视野开阔。柳宗元从小由母亲教育，学习儒家经典；少年时又跟随父亲去过不少地方，结交了众多朋友，为他后来入仕奠定了基础。革新失败后，柳宗元被贬柳州，在柳州生活时，柳宗元仍坚持读书、笔耕不辍，从他的作品中便能看出他的学识渊博。他强调为学"务先穷昔人书，有不可者而后革之"，用自身实践告诉我们博览群书的重要性。

柳宗元强调博览群书，提升自我文化修养，提升个人的内在涵养。读书是能够有效提升自己的文化底蕴和素质的活动，我们可以有计划、有目的地读一些自己喜欢的书籍,增加自己的阅读量,扩大自己的知识面。想要有一番作为,没有文化的支撑是不可能实现的。千百年来,那些具有伟大理想和抱负的仁人志士,都具有较高的文化修养。他们都让我们明白无论是为国还是为民,多读书可以让人变得明智、有礼。

2. 对个人能力的影响

高尔基曾说过"我趴在书上,就像饥饿的人趴在面包上",生动形象地说明对知识的渴望和对读书的追求应该如对食物的需求一样。多读书可以让我们领略先贤们的风采,增加我们的知识,让我们看到别人思想的闪光点。博览群书不是简单地反复地读书,也不是简单地读大量的书,而是要一边读一边思考,将书中的知识都融合起来,为我所用。阅读和思考是不可分离的。思考是阅读的升华,正如孔子说:"学而不思则罔,思而不学则殆。"思考还能够帮助我们提高理解、分析能力。思考对于提升我们的文化底蕴和内在修养也是很有益的。此外,还要多欣赏艺术。文化的内涵和意义,还能在一幅幅绘画作品中体现和反映出来。如果我们能够从中欣赏到一些关于美的艺术和审美价值,就可以逐渐提升自己的文化底蕴和素质。反过来,我们欣赏一篇美文或者一首诗歌的时候,就会领悟和理解到音乐、色彩、文字这几个方面所具有的美学意境。

柳宗元前期的社会经历让他结识了不少的朋友,他们经常一起探讨交流。这说明经常和一些有共同爱好和兴趣的人在一起交流和切磋,有助于提升自己的文化底蕴和素质。和不同的人交流才能获得不同的思想和看法,相互交流才能从中有所收获,多听不同的意见我们的思想才能不断地发展和进步。

(三) 柳宗元的德育思想对社会的影响

柳宗元的德育思想在一定程度上促进了当时社会的发展，缓和了社会矛盾，在当代也具有非常重要的借鉴意义。

1. 对柳州的影响

柳宗元继承和发展了儒学中的民本思想，主张以民为本，提出的"心乎生民""以生人为主""官为民役"等思想观点[14]，在继承儒家"仁政"爱民思想的基础上，进一步发展了儒家民本思想。柳宗元在永贞革新中，和革新派一同采取了许多利民的措施，如罢黜了当时的"五坊小儿"，取消了"宫市"等，有效地打击了宦官，同时革新派还取消了一些苛捐杂税，这些做法都在一定程度上有利于当时社会的和谐稳定。

柳宗元到柳州以后，看到柳州百姓因繁重的赋税和徭役生活困苦，于是，他写文章强烈谴责压榨人民的赋税制度。柳宗元在柳州执政期间，颁布了一系列的利民措施。他以官员的身份发布了"革其乡法"的政令，减轻了奴婢的负担，受到了底层百姓的欢迎，并且这一做法还传到了周围其他地方。他还带领人们开凿水井，改善了人们的饮水质量；大力开垦荒地，鼓励人们种植；开办学堂，提高人们的文化水平。柳宗元的这些做法为柳州的发展做出了不可磨灭的贡献，使柳州出现了"宅有新屋，步有新船。池园洁修，猪牛鸭鸡，肥大蕃息"[15]的局面，荒僻的柳州逐渐变得繁华起来。柳宗元也因此获得了百姓的认可和崇拜，被尊称为"柳柳州"。

2. 对当今社会的影响

柳宗元的利民措施在现在也有非常重要的意义。他关注民生，注重改善人民生活，对压榨人民的封建官僚进行批判和抨击，提出了尊重人的民本思想。社会的和谐发展离不开人的发展，社会的和谐稳定要靠良好的秩序维护，执政者要改善人民的生存环境，关注人民的愿望。人是社会的主人，人民在历史上的作用是巨大的，我们要注意解决民生问题，这也是我们党成长壮大和战胜一切困难的传家之宝。当前，国家改革与发展正处在关键时期，国际国内形势复杂，只有重视民生才能确保社会稳定，为国家的发展奠定基础。所以，我们必须更加重视民生。

虽然柳宗元仕途坎坷，但他依旧坚持为国为民，在原有的儒家民本思想的基础上，提出了自己的看法。他主张改善人民生活，减轻人民负担，这种思想与以人为本的科学发展观是一致的。同时，柳宗元的政治主张也让我们明白要加强自身的文化修养，提高自身能力，为社会和国家的发展做出贡献。

参考文献

[1] 柳宗元. 柳宗元集·寄许京兆孟容书 [M]. 北京：中华书局，1979：783.

[2] 柳宗元. 柳宗元集·与杨京兆凭书 [M]. 北京：中华书局，1979：776.

[3] 孙以楷. 柳宗元与佛教及佛学的关系 [J]. 安徽师大学报（哲学社会科学版），1986（2）：11-18.

[4] 王春庭. 柳宗元师道观与文道观管窥 [J]. 赣南师范学院学报，1990（3）：39-42.

[5] 柳宗元. 柳宗元全集（卷十七）·种树郭橐驼传 [M]. 上海：上海古籍出版社，1997.

[6] 薛金东. 柳宗元实用教育思想管窥 [J]. 青年与社会（下），2013（9）：303-304.

[7] 赵晶. 教师实现主导功能的条件 [J]. 职业教育研究, 2001 (8): 45.

[8] 骆正军. 略论柳宗元的教育思想与实践 [J]. 广东技术师范学院院报, 2011, 32 (1): 14-17.

[9] 黎利云. 柳宗元"交以为师"师生观的哲学意蕴与教育价值 [J]. 当代教育论坛, 2018 (5): 61-67.

[10] 陈登亿. 从《答韦中立论师道书》看柳宗元的文学思想 [J]. 承德民族师专学报, 1981: 13-16.

[11] 刘庆昌. 对"适合学生的教学"的思考 [J]. 课程·教材·教法, 2012 (8): 16.

[12] 张官妹. 试论柳宗元周敦颐教育思想的联系 [J]. 开封大学学报, 2005 (4): 9.

[13] 孙梅. 后现代主义视阈下我国师生关系凸显的弊端及其重构 [J]. 当代教育论坛, 2016 (3): 56.

[14] 洪迎华, 尚永亮. 柳宗元研究百年回顾 [J]. 文学评论, 2004 (5): 162-172.

[15] 翟满桂. 一代宗师柳宗元 [M]. 长沙: 岳麓书社, 2002: 135-140.

[16] 崔华前. 试析柳宗元的德教方法 [J]. 长春工业大学学报, 2005, 17 (1): 58-60.

[17] 李长海. 柳宗元学术思想研究 [D]. 西安: 西北大学, 2010: 23-35.

[18] 王元湖. 柳宗元的教育思想 [J]. 广西师范大学学报, 1983 (3): 54-58.

[19] 夏顺光. 柳宗元教育思想对中学生价值观的影响 [J]. 湖南

科技学院学报, 2017, 38 (9): 16.

[20] 吕国康. 论柳宗元的"德治"与"民本"思想及其渊源[J]. 株洲师范高等专科学校学报, 2005, 26 (9): 15-18.

第九章　朱熹德育思想

一、朱熹德育思想形成的背景

纵观社会发展的历史，我们不难看出，任何有影响的思想的提出都与它所处的时代有很大的关系。朱熹德育思想的提出离不开他的家庭环境和他成长的时代，那么朱熹究竟是在怎样的环境下提出一系列伟大思想的呢？我们应该用严谨的态度去学习。

（一）朱熹德育思想的历史背景

马克思认为"人们的社会历史始终只是他们的个体发展的历史"[1]。历史是时代与社会精华的总结，也是时间的记忆，人作为社会的主宰者要不断地进步、不断地成长，必须紧紧依附在前人书写的历史上，有所继承才能有所发展。南宋是一个不和平的朝代，这样一个动荡不安的国家到底经历了什么？在这样的环境下朱熹又是怎样一步一步走向理学大家的地位的？所有的因果关系都是有一定的规律的，朱熹是南宋的大思想家、教育家，生逢乱世使他经历了太多的人情世故、战乱纷争，在那个年代里，他的经历不可避免地对他的学术思想产生了极大的影响。

1. 朱熹德育思想形成的经济背景

在经历了众多的猜测与怀疑之后,南宋真实的发展状况呈现在人们的面前。"2007年12月22日我国南宋商船'南海号'在广东阳江海打捞出水。"[2] "南海一号"里面货物得以重见天日,它的出世对我们研究南宋的政治、经济、社会、文化、科技都具有重要的作用。提起对南宋的认识,大家可能都会停留在这首诗上:"山外青山楼外楼,西湖歌舞几时休?暖风熏得游人醉,直把杭州作汴州。"[3] 这首诗之所以会被当成南宋的真实写照,多是因为人们对于南宋统治者宋高宗和权相秦桧的义愤。由于长期处于一个"腹(金)背(蒙)受敌"的威胁状态下,南宋王朝为了谋求稳定,加强皇权核心利益,对外称臣割地赔款,对内严苛赋税,对经济发展造成了很大的影响。政治中心的转移使大量北方人口南迁,给南方的经济发展带来了巨大的机遇,充足的劳动力、先进的生产技术和生产经验,政府的支持政策,使南方不仅在农业、手工业方面有了很大进步,而且在商业和外贸等方面也都取得了突出成就。"苏湖熟,天下足"[4] 的谚语就足以体现南宋政府南粮北调的新格局的形成。农业的富足给手工业的发展提供了良好的条件,使南宋的纺织技术、造船技术和制瓷技术都有了前所未有的先进。虽然古代中国主导经济仍然是自然经济,但南宋却打破了"重农抑商"的束缚,促进了社会各个阶层的自由发展,商业的繁荣推动了南宋对外贸易的发展。恩格斯说过:"一切以往的道德理论归根到底都是当时社会经济状况的产物。"[5] 经济的繁荣发展必然对社会思想产生起到推动作用。不管是国内的农业生产,还是对外贸易,南宋经济的空前发展对于整个社会的进步具有不容忽视的作用。这样一个鼎盛的社会发展背景为朱熹的教育思想和德育思想的产生奠定了良好的基础。

2. 朱熹德育思想形成的政治背景

从历史唯物主义的观点出发，具体的时代背景会创造出一批能促进社会进步的人才，在一个经历了长期战乱，国家政治格局和社会道德伦常都非常混乱的环境中，势必会出现学士名落孙山和道德沦丧的现象。皇权和百姓，究竟哪个才是最应该去追寻的目标？在如此混乱的环境下应该怎样发展？这样的话题成为学子们日常生活首先要考虑的问题，学术风气由此在整个社会中流行起来。

面对来自"劲敌"的侵略的威胁和万千百姓对稳定和谐生活的渴望，南宋朝廷不得不对以往的人才选拔制度做出改变，要想改变人们目前的生活方式，就要发动所有人去为自己的幸福生活奋斗，因此，"寒门入仕"的选举制度出现了。在等级森严的封建王朝里打破人们对等级规矩的传统观念，确实会在整个社会中形成一种趋势。"两宋政权将'右文'定为国策，在一定程度上出现了'皇帝与士大夫共治天下'的局面"[6]，"和平共处"的社会把宋代的思想境界和学术水平推向了一个新的高潮。

3. 朱熹德育思想形成的理论背景

"中国古代的教育，实即道德—政治教育。说教育即'教化'，虽言过其实，但教育以德育为主，确是事实。"[7]众所周知，历史悠久的南宋，国土面积不大，人口数量却并未减少，这使南宋不仅经济繁荣，而且文化也十分辉煌。人才出众必定会促进政权的稳定，这样的朝廷可以说是历代所有偏安政权都不可企及的。今天看来，这种说法是有一定依据的，在经历了社会动荡不安和秩序混乱的局面之后，偏安政权的暂时稳定促进了经济、科技、政治等的发展。生产力决定生产关系，经济基础决定上层建筑，因而人们对于南宋文化教育方面的关注不断提升，经典儒学和佛老思想的碰撞产生了新的思想——"理学"

和"心学"。"理学学派"和"心学学派"之间其实异中有同,同中有异,看似相同,却又都有各自的个性,看似不同,却都出自"经典思想"。在面对不同意见时如何说服对方,他们各有自己的立场、信念和基本预设,又能理清各自思想的内外逻辑,问题指向以及解决问题的思路,在交流中产生新的思路,这对于学术思想的提出来说绝对是一种新气象,而朱熹就是在这样的学术环境中一步步走向自己的学术巅峰的。

(二)朱熹德育思想形成的时代背景

历史是时代的记忆。时代的发展离不开社会这个大环境中生活过的主体,正是他们的生活才让我们的历史不至于断层。对于文化,我们一直在提倡继承发展——继承优秀的传统文化,做到取其精华,去其糟粕。根据时代发展的要求,不断注入新鲜的血液才能使中华文化一直流传下去。

1. 朱熹德育思想形成的社会背景

南宋不是一个平常的朝代。有不同寻常的"前奏"的南宋,改变了以往的统治制度,尤其是"寒门入仕"的选官制度,这一制度的提出对于广大寒门子弟来说绝对是一次"鱼跃龙门"的机遇。有充足的劳动力、先进的生产技术和朝廷的政策支持作为经济发展的基础,学子们就有了一个安心求学的安定的社会环境,"理学学派"与"心学学派"作为学术研究的两个趋势为学子们进行自己的学术研究提供了不同的方向。

2. 朱熹德育思想形成的学校教育背景

自古以来,学校教育对一个人的成长都是必不可少且又至关重要的。不同阶段的学生,对于知识的渴望,有很大的区别。朱熹认为学校是进行人才培养的一个重要场所,因此,他很重视对学校的建设。

在为官期间，朱熹不仅关注自己在学术研究方面的提升，而且重视兴办学校以提高平民百姓的道德水平。他深知人才对国家建设的重要作用。在书院的建设上，他明确规定了教育的目的、内容、秩序等条例，因而他创办的学院相当正规，最为有名的就是白鹿洞书院了。与此同时，宋代的统治者也大力兴办学校，把"崇经办学"作为南宋的立国之本，这样一来，南宋的教育体制比汉唐的教育体制更加完备、更加发达了。官学和私学的繁荣发展，使文化教育制度大改，教育的大众化，不仅推动了文化的普及，而且将全体社会成员的文化素质提升到了一个新的层次，使南宋的社会文化发展达到了一个新的高度。在"寒门入仕"选官制度的推动下，各地学校并存，各类学校都得到了极大的发展。学校教育的延伸，让南宋的教育普及程度得到了大幅提高。

（三）朱熹德育思想形成的家庭背景

家庭环境对一个人的一生都会产生重要的影响，不同氛围的家庭环境下成长的孩子会有不同的性格，不同的处事方式。朱熹的家庭环境对他的学术研究来说具有重要的作用。

1. 家庭成员的受教育方式形成的家庭氛围

朱熹作为儒学的集大成者，他的一生是不平凡的一生，也是充满"惊喜"的一生。战乱年代，朱熹出生在一个平民的家庭，幼年时代的朱熹就表现出了极大的天赋，四岁时，便能提出"天上面是何物"的问题，五岁入私塾读书，六岁就画起了八卦图，到十一岁时其父就亲授其儒学经典，这使朱熹进步很快，《大学》《中庸》《论语》《孟子》这些儒学经典是他每天必修的，少年时代的朱熹就已经为成为一代儒学大师打好了基础。朱熹在父亲的谆谆教诲和母亲的悉心照料下日渐成长起来。

2. 个人身心发展过程中形成的思维体系

朱熹从小就表现出与众不同的对学术探究的天赋，为他以后形成自己的理论体系奠定了良好的基础。少年时代的朱熹在经历了祖母、兄弟、父亲的相继去世的变故后，思想也悄然发生了变化。在父亲去世后，朱熹不得不听经学塾师传授经史，学习文章和诗词歌赋，为应试而做训练。这时的朱熹主要师从刘勉之、刘子翚和胡宪（二刘一胡当时研究二程，尤其热衷于佛老学说），因此，朱熹思想上的第一个转折点出现了。这三人的教育使朱熹不仅对儒家经典有了新认识，而且对易经佛理也有所涉及。有了众多名师的教诲，朱熹顺利中举、中进士，在为官期间，朱熹仍然不断进行学术研究，曾与李侗、张木式、吕祖谦、陆九渊、陆九龄等学术名家共同探讨学术问题。从单一地学习儒家经典到最后融会贯通儒学、经学、道学、佛学、文学、教育学、史学等学科，朱熹思想体系的逐渐完善是离不开自己的刻苦努力和众多名师的教诲的。

二、朱熹德育思想的理论体系

作为一代大家，朱熹的哲学思维世界极其丰富。他的学术成就和理学思想与他师从众多名师以及他生活的年代有很大的关系，但最重要的是他自己的勤奋努力与对学术研究的严谨态度，他的一生可以说都是走在学术研究的道路上，所以才能创建庞大的理论体系，达到了令人瞩目的学术高度。

（一）朱熹德育思想的教育目标论

道德作为一种特定的意识形态，是在一定的经济基础上产生的上层建筑，是调整人与人之间关系的纽带。德育教育是对于社会成员教育的最高教育要求，"教育目的是教育工作的出发点和归宿"[8]。时代是所有思想存在的基础，实践是所有理论的源泉，在动荡不安的年代里，如何稳定人心、实现政治和社会的稳定便成了统治者的首要任务。朱熹进行德育教育的目的就是更好地实现封建统治。他的德育目标可以分为三个阶段，初级目标——明人伦，中级目标——重理义，终极目标——做圣贤。

1. 朱熹德育思想中教育的初级目标——明人伦

由于从小就深受儒家经典的影响，朱熹在为官和求学的道路上一直尊崇儒家所提倡的伦理道德规范。在朱熹看来，维护良好的社会秩序、稳定封建统治的最好办法就是对广大民众进行教育。他希望可以通过道德教育实现"明人伦"的目标，把学生培养成统治阶级所需要的"人才"。但是具体何为"明人伦"？李玉兰认为："所谓'明人伦'就是一种为学、处事、做人的根本原则，它强调封建伦理纲常的重要性，以德育教育人们各安其分、遵从礼法，以达天秩天序。"[9]儒家思想中"人伦"的道德要求是朱熹极为看重的，在他看来，学生作为一个社会的个体只有明确了所处时代的人伦关系，才能有所取舍地发展自身的欲望，也就是"存天理，灭人欲"，只有这样，学生才能从根本上维护封建统治者所要求的社会秩序，才能更好地巩固封建政权。"明人伦"的教育目标其实与人的本性在某种程度上是一致的，人的一生充满变数，不同的社会形态中所要求的人们处事做人的方法也不尽相同，但唯一不变的是，所有的原则和标准都是统治者为了更好地维护自己的统治权力而制定的。在南宋的封建统治中，强调封建的伦理纲常，对于国家的长治久安有很重要的作用，对于个人的知识储备和素质提升以及能力培养也具有重要的意义。

2. 朱熹德育思想中教育的中级目标——重理义

朱熹在教育的核心方面把"德育"作为首要的内容，他认为教人学习就是要让学生明白"义理",学会为人处世的方法,培养他们的内在修养。所谓"义理",在梁励看来"就是儒家提倡的'孝、悌、忠、信'"。[10]在德育的过程中,朱熹大力倡导封建的"理义",他认为,"理义"是最接近德育的目标的,学生只要能在不同的阶段对于"理义"的知识融会贯通,并且在领悟后加以利用,那么在这个阶段的学习就算是成功的。学生只有积极主动地去学习"孝、悌、忠、信"的内容,并在自己的生活中践行这些准则,将"孝、悌、忠、信"的内容作为自己生活的人生信仰,那么就不会被"蝇头小利"诱惑而犯错,所以朱熹强调把"理义"作为德育的重要内容。在他看来,"孝、悌、忠、信"作为封建的"理义"是可以强化统治政权和维护社会秩序的重要力量。他经常对学生说"于亲孝,故忠可以移于君;事兄弟,故顺可以移于长,便是本"[11]。朱熹希望通过德育使学生对"理义"有一定的认识,为忠君孝亲的实现提供良好的基础,让学生不会再产生"犯上作乱"的邪念,可以说"重理义"的德育目标对于为人臣、为人子的道德素养的养成有重要作用。

3. 朱熹德育思想中教育的终极目标——做圣贤

朱熹进行道德教育的最根本目的是使人们对封建伦理道德有一定的认识,并且可以通过自己的实践,自觉地成为封建伦理道德约束下的人,而不是不曾受过教化的可以"肆意妄为"的人,但这只是朱熹所要求的作为人的最根本的要求。《朱文公文集》中记载,面对民生凋敝、道德低下的社会局面,朱熹曾说过:"国家所恃以为重,天下所赖以为安,风俗所以既漓而不可以复淳,纪纲所以既坏而不可以复理,无一不系乎人焉。"[12]生活在社会中的人,不仅是自然人也是社会人,自然属性是指人作为动物是具有生存要求的,也就是维持生命机能,而人的社会属性则表明,人是具有发展诉求的,人是可以创造并且享用社会财富的。自身的发展不能仅停留在吃饱穿暖的境界，更多的是要推动社会不断向前发展。朱熹认为人作为封建统治社会下的人，只要在平时的生活中恪尽职守、遵循社会秩序便是达到了最基本的要求，但还有一种人是对于社会有所思考，并且可以提出促进社会发展的思想的人，这种人就是他认为的"圣贤"。他认为"圣贤"不仅拥有美德，而且拥有贤能和智慧。这种人是被上天"赐予"特殊才能的人，因而他们是极少数人，要想达到他们的境界，如果没有天生的才能，就必须经过刻苦的训练，而进行道德教育就是一个很好的途径。所以说，"圣贤"的存在更多的是学者们对于理想人格和美好生活的向往和追求。朱熹关于"圣贤"的德育目标的提出，反映了古代学者对于圣贤人格的追求，这种理想教育观对于我们今天的理想研究也具有重要的参考价值。

(二) 朱熹德育思想的内容论

朱熹认为学校是进行教育的最主要的场所，因而他主张在学校创办之前就确定教学目标、教学内容以及教学规矩，在他看来，人人都应该接受教育，只有通过接受教育才能对社会的秩序有所了解。因此，他认为，学生要学习的内容不应该只看整体的构成，还要有一个明确的方向和循序渐进的过程。例如，小学和大学的教育就应该有所区分。"小学的时候要注重基础的教育，学习进退礼节、洒扫劳作以及礼乐等等，慢慢培养其德性。等到长大的时候，就要进入大学进行学习，这时候要学习'穷理''致知'，并开始接受'修身、齐家、治国、平天下'的大道理了，以让其人格慢慢完善。"[13]朱熹认为良好的教育一定不是在一种统一的教育方式下进行的，他提倡学校应该按照受教育者的认知能力、年龄水平、理解程度和心理素质等特点分别使用不同的教材，开设不同的课程进行教学。因而，他把整个教育过程分为两个阶段进行：小学教育和大学教育。

1. 小学阶段——修身

朱熹所说的小学教育主要是指对于年龄在八岁到十五岁之间的适学儿童进行的教育。在教学过程中，朱熹比较看中对学生小学的教育，他认为，在小时候形成好的学习习惯和端正学习的态度尤为重要，这会使学生长大之后更容易接受大学的教育，并且能够领会得更加深刻。在他看来，简单的"洒扫、应对、进退之节"是对于最简单的道德伦理秩序的实践。他把小学的教育看作对大学教育的"打坯模"，只要小学的道德教育进行得好，长大后的大学教育就只是在原有的基础上加光罢了。从小就很好地教学生简单的伦理道德，并且使其自觉遵守，内化于心、外化于行，必然对其一生的成长都有好处。由于小学阶段的学生对于知识的理解能力不足，因而，对他们的教育都是一些内外品德习性的养成教育，从行为习惯入手进行教育，以此来为日后的大学教育和"培养圣贤"打好基础。

2. 大学阶段——修心

与小学教育对应的是大学教育。朱熹认为，学生应该从十五岁开始接受大学教育，在经过了小学的启蒙教育以后，学生对于一些伦理纲常、礼仪教化都有了一定的理解和领悟，大学教育作为小学教育的延伸，主要内容从简单的"洒扫、应对、进退之节"转变为深奥的"明理、穷理"，这个阶段的学生不仅要知道"为何理"，更要去探究"何为理"。学生要在小学学习的基础上不断地提高自己的学习能力和理解能力，转变思维模式，因而，这个阶段的教育内容应该由感性教育上升至理性教育的层面了。这个时候进行的德育比较晦涩难懂，但对于学生提高自身的伦理品格和道德规范都具有重要的意义。人作为一个不断成长的生命有机体，会在不同的年龄阶段接收不同信息，朱熹因人的发展顺序不同而制定了小学和大学教育时的不同策略，既照顾了学生自身的差异带来的心理差异和认知水平的差异，又将德育的系统性完美兼顾，这种由浅入深、由难到易的德育模式，让学生充分地理解知识，同时又能最大限度地确保学校对于德育教育目标的实施，这正是我们目前学校教育应该学习的地方。

（三）朱熹德育思想的原则论

与其他教育一样，德育必然需要一定的教育原则和方法，在德育的实施过程中，朱熹特别强调德育原则和德育方法的选择。在他看来，对学生进行德育教育就是希望社会成员都能遵循社会秩序，并且把成为"圣贤"作为他们的最高理想和人格来培养，朱熹的德育原则众多，如循序渐进、适当启发、教学专一、鼓励独立思考等。

1. 循序渐进的原则

朱熹一生接受的教育种类众多，读过的书不计其数，但他的学习方法都是有迹可循的。他坚持教育的内容必须具有整体性和系统性，教育过程必须循序渐进，严格遵守学生的成长规律。他把教育阶段分为小学教育和大学教育，认为小学教育是大学教育的前提和基础，而大学教育是小学教育的延伸和扩充；小学教育是教学生学习简单的伦理道德规范和社会秩序以及为人处世的道理，而到了大学教育是教学生修身养性、出仕为官结合为社会国家做贡献的道理。进行德育时，他十分注重考虑学生接受知识的能力和理解能力进行教育内容的确立，他把小学教育和大学教育融会贯通为一个整体，虽然教育内容有所不同，但仍然是一个连贯的过程，这样的教育模式必然能达到一个良好的教育效果。

2. 适当启发的原则

朱熹认为，在教育学生的过程中要多做一些类似指导和说服类的工作，少做一些处理性的工作，"朱熹强调教师在道德教育中的引导作用"[14]。教师作为学校德育的主导者，是学生的良师益友，学生成长的关键在于学生自己在老师的谆谆教导后内化为主动向学，只有师生都有共同进步的愿望，学生才能更好地吸收教师传授的知识。教师在教学时要注意引导学生说出内心的答案，不能直接告诉学生答案或者代替学生"思考"，要做到身体力行，给学生做一个好榜样。学生在学习的时候，要主动向老师提出问题，并且积极思考，把老师的引导和自己的思考融合起来才能达到良好的学习效果。

3. 教学专一的原则

朱熹认为，师生之间应该是一种平等的关系，在学习时应该互相学习、共同进步。在他看来，教育者在进行德育之前首先要重理义。"学校之政，不患法制之不立，而患理义之不足悦其心。诸生蒙被教养之日久矣，而行谊不能有以信于人，岂专法制之不善哉，亦诸君子未尝以礼义教告之也。"[15]教师在道德教育中应该把"理义"作为根本，加强对学生的道德教育，同时要不断地学习，提升自己的专业素养，以回答学生的问题，要不断地探索新的学习方法，发挥好引导和启发作用，真正成为学生成长道路上的"指示灯"。

4. 鼓励独立思考的原则

朱熹丰富的学习实践让他总结出了读书"二十四字诀"，即"循序渐进、熟读精思、虚心涵泳、切己体察、着紧用力、须教有疑"。朱熹认为，学生在学习的过程中一定要主动思考老师教授的知识，读书的时候要"学""思"结合，不可囫囵吞枣，这与孔子的"学而不思则罔，思而不学则殆"不谋而合，如果只学习而不去思考，就会变成"书呆子"。

(四) 朱熹德育思想的方法论

对于"事半功倍"这个成语的理解，笔者认为，很大程度上是因为使用了科学的方法，一件事情的完成采用不同的方法就会得到不同的结果，往往各个结果之间的差距也会出乎人们的意料。

1. 正面教育法

朱熹认为学生在接受教育时，年龄不同，理解能力有差距，心理素质也有区别，所以要根据这些条件把整个教育过程分为小学教育和大学教育，教师教导学生时应该把学生当作学习的主体，对他们进行积极引导和启发，让学生的认知水平从错误的"轨道"回归正常，尽可能把学生内心存在的消极思想根除，使学生在接受教育后能积极主动地思考人生的意义，并且能够自觉遵守社会秩序。教师在进行德育时要调动学生主动学习的内在动力，让学生爱上学习，可以通过鼓励学生、表扬学生、树立榜样等方法让学生树立信心，激起学生的进取心，针对学生的道德意识养成和道德行为实践对学生进行客观评价，让学生能够更准确地认识自己，使学生养成自我教育的习惯。

2. 自我内省法

为官的经历使朱熹在后来的教学中更加确信了教育对普通民众的教化重要性，尤其是德育在其中发挥的作用，在他看来，学校教育的最主要目的就是对学生进行儒家经典教学。只有让每个学子都对儒家的伦理道德纲常产生强烈的兴趣，才能更好地对他们进行教育，才能极大程度地改变社会秩序混乱的局面，国家自然就会长治久安了。因此他十分强调学子修身的自觉性和主动性，崇尚自身修养的理性自觉，追求"内圣"与"外王"合一，强调"身修而后家齐，家齐而后国治，国治而后天下平"（《礼记》）的人生理想和价值取向，担负起对他人、社会、民族和国家的责任。曾子曰："吾日三省吾身——为人谋而不忠乎？与朋友交而不信乎？传不习乎？"[15]每个人的成长都是一个漫长的过程，朱熹认为，学生的道德认知如果不进行"内化外显"，那就必然是没有用的，学生只有在将道德认知进行意志锻炼后才能达到情感上的认同，在实践的过程中才能更充分地发挥自己的主观能动性，才能更好地参与德育的整个过程，从而达到提升自身道德修养的效果。在朱熹看来，"绌去'义利双行，王霸并用'之说，而从事于惩忿窒欲，迁善改过之事，粹然以醇儒之道自律"[16]，道德修养需要不断进行提升，发现自身在生活学习中存在的不道德行为及时改正，才能让自己的道德品质不断净化，完成从低到高的转化。自我教育的方法意在强调学生对自我内在道德修养的强化，只有不断内化良好的道德规范，才能让那些道德规范为我所用，才能使自己不断地成长。

3. 循序渐进法

在朱熹的一生中，学习是不能缺少的一部分，他将自己的读书经验总结为"二十四字诀"。第一条就是"循序渐进"，"即读书要按照书本的逻辑体系和学习者的智能水平，要有系统、有步骤，由低到高，由浅入深地循序渐进"[17]。"活到老学到老"表明学习是一个漫长的过程，不可能一蹴而就，因而进行德育教育时要紧密结合学习者的理解能力和认识水平，充分考虑学生的年龄差异，在不同的年龄阶段传授不同内容的知识。为此，朱熹将学生的学习阶段分为小学和大学，在小学阶段"习礼修身"，在大学阶段"穷理修心"，他提倡"循序而精致"，读书的行为习惯和品性最珍贵的地方是按照顺序进行才能学到精髓，将学问做到极致。和很多人一起学习讨论是一件很容易的事情，但是真正的做学问应该是离开众人的学习氛围后仍能按照学习的顺序来要求自己、学习知识。因而，朱熹认为，在德育过程中应该按照由近到远、由小到大、由外到内的顺序对学生进行教育，让学生对于自己在不同阶段的学习目标有清晰的认识，按照不同阶段，不同层次的差异来规划课程，使整个德育过程循序渐进，有条不紊地进行，从而使德育教育的目的得以更好地实现。

4. 因材施教法

"大匠不为拙工改废绳墨，羿不为拙射变其彀律。"[18]有才能的工匠不会因为笨拙的徒弟就放弃或者改变原有的规矩，弓箭也不会因为射手的技术拙劣而选择不开弓。朱熹提倡教师在开展德育时要根据学生的实际情况进行教学，要充分考虑学生的年龄差距、认知能力水平和心理承受能力等具体情况，制定适合学生的学习方略和具有针对性的教学策略，同时要充分尊重学生的兴趣爱好，开展具有特色的兴趣活动，将德育渗透其中，充分尊重每一个社会成员的存在价值。在朱熹看来，遗传因素、环境因素、家庭因素等造成的个性差异、认识水平及理解能力等方面的差距，是可以通过教育慢慢缩小的，但在教育过程中不能使用同样的标准去要求所有的学生，否则必然无法做到充分尊重每一个学生，无法释放学生的天性，这样的教育是不可行的。朱熹认为在德育的过程中，由于学生自身的差异性会使教学难度增大，因而教师必须根据自己已有的经验，仔细观察学生的个性和倾向，制订适合他们的教学方案，真正做到因材施教，才能让每一个学生都充分发展。朱熹特别强调，虽然教师可以在教育过程中有所侧重，但必须将孔子提倡的"有教无类"作为施教的前提，做到公平对待每一个学生，才能称得上为人师表，这也是作为老师必须具备的美德。

5. 身体力行法

理学大家朱熹在生活中有一个怪癖，那就是他从不吃豆腐，在给弟子讲授"格物致知"时，他把自己的亲身经历讲给学生听，以自己

154

对学术研究的态度作为学生学习的榜样。朱熹在对学生进行德育时把知行合一关系作为他整个教育理论的基础。在他看来，所有的德育过程无非就是三个阶段：学习理论知识、内化认同知识、践行所学内容。学习的内容是非常复杂而深奥的，所以对于不了解的内容要勇于探索、实践，在已有的认知水平上不断地探索，在探索的过程中不断深化所学内容，只有真正做到"知行"合一才能做好学问，才能知道自己所思所想是否合理。在道德教育中，把"德育"知识内化于心，并且经过了亲身实践才能有更深切的体会，才会把所学习的知识真正变成自己的"财富"。古人云"言足以为人师，行足以为人范"。把"力行"作为进行道德教育的核心，这对教育者的言行也提出了更高的要求。教师不仅要在学术研究上比学生有更高的境界，而且在言谈举止上也要力求完美，教师要对学生言传身教，做学生的榜样。言传身教对孩子的影响是潜移默化却又重大的，对教师来说，只有"自身硬"才能"打好铁"。

三、朱熹德育思想研究的当代价值

新时代背景下对于人才培养的要求不断提升，朱熹的德育教育思想，作为优秀的传统文化，与我们今天培养人才的目标有很多相像的地方。在强调素质教育的今天，我们不得不把对人才的培养转变为全方位的培养模式，朱熹的德育思想中因材施教、循序渐进等方法仍然值得我们去借鉴、学习。在培养社会主义未来主人的过程中我们必须从优秀的传统文化中汲取营养。

（一）朱熹德育思想对个人发展的启示

朱熹是历史上不容忽视的教育大家，在他短暂的一生当中，不仅使自己的学术水平达到了高超的境界，同时，也为社会的教育事业做出了贡献。比如，他提出的创办书院时应该确立教育目的、教育内容和教育规范等内容。

1. 个人身心发展过程中应具备的素养与能力培养

道德规范是每个人都会产生的意识，但最终能不能做到就是另外一回事了，也就是说，社会公共秩序是每个人都可以通过后天的学习了解到的内容，但是品德修养的体现是在个人成长过程中必须习得的内容。马克思认为，人既是单独的个体又是社会成员，因而，在今天，我们的社会成员为了社会的发展，应该具备的社会素养究竟是什么？朱熹认为，人应该把自己的教育分为两个阶段，也就是"小学阶段"和"大学阶段"，按照社会发展的要求在不同的年龄阶段学习不同的内容。新时代的社会发展对新青年的成长提出了与以往不同的社会素养要求，未来的社会需要的是"德才兼备"的人才，只有做到"德才兼备"才不会被迅速发展的社会淘汰，因而个人在发展的过程中要时刻牢记"活到老学到老"这句话，真正把学习作为自己生命中重要的一项任务，不仅要学习科学文化知识，而且要把道德素质修养作为重点来学习，只有全方位地接受教育，全面地学习"知识"，自己的身心才会不断地成长，才能更好地成为一个能够为社会发展做出贡献的人。

2. 作为社会成员所具备的道德规范养成

人是社会的产物对社会的发展进步具有重要的意义。社会成员在社会发展过程中既是发起者，又是领导者；既是梦想者，又是践行者。社会成员作为社会的细胞，与社会的发展息息相关。朱熹把人的教育过程分为"小学"和"大学"两个阶段，在进行了"简单却又不可缺少的"小学教育后，就要进入大学教育的阶段了。在他看来，小学教育是为了给大学教育打好基础，而大学教育最重要的学习内容是"修心"，也就是我们今天所提倡的素质教育或者说德育。人必须不断地进行"修炼"，只有不断学习新的知识并且把它们一一实践，才有可能完全掌握知识，大学阶段的教育是需要通过个人自我修养的提升来完成的。作为属于社会的人，也是需要在社会的发展中不断地提升自己的道德修养的，只有全社会的所有成员都有一个统一的道德认知和较高的道德修养，才会促进社会的进步，也才能使处于社会中的个体实现自己的价值。

（二）朱熹德育思想对当代社会建设的启示

朱熹德育思想的内容丰富，涉及领域宽泛，朱熹的一生都在做学术研究，因而对于每个领域的研究他都能提出自己的见解，这对于我们今天社会文化的形成具有重要的研究意义。

1. 构建和谐社会所需要的成员素养

纵观所有的社会形态的更替，我们不难看出，新事物的产生和旧事物的灭亡都是有自身的发展规律的，同时，我们也不能忘了对整个社会发展起决定性作用的人民群众。在新时代背景下，对于社会成员来说，构建和谐社会所具备的素养应该是什么？朱熹沿袭了孔孟的"仁爱"思想并且把它具体化到社会的教育方面。与过去不同，今天提倡的社会价值观更加具体了，与时俱进的价值观的发展是对于我们整个社会成员素质发展的新要求，在追求经济发展的同时也要做好精神文明建设，经济、政治、文化、社会环环相扣地进行教育会对社会成员达成社会共识有至关重要的作用。

2. 培养社会成员对社会主义核心价值观的养成教育

在新时代背景下，我们要培养的社会主义接班人也应该是属于自己的单独的个体，也是属于社会的整体细胞。因而，这里的人不能再仅仅作为一个人来认识他了，在社会主义的国家里，我们要成为怎样的人，应该是有一定的标准的。比如，应该成为践行社会主义核心价值观的人，应该是遵守社会秩序与道德规范的人，也应该是将国家的发展、社会的进步当成自己此生奋斗目标的人。这样的社会主义社会成员势必要在思想上对自己所在的国家和社会有一定的认同感和自豪感。

社会主义核心价值观是"规范"社会成员思想意识的重要内容，我们对社会成员的教育应该分为经济、政治、文化、社会四个部分进行，要让我们的学生对于社会主义核心价值观有一个清晰的认识，这样他们才能对我们的国家发展有信心，这样的社会主义接班人才能在社会主义的建设中发挥出自己的力量。

（三）朱熹德育思想对学校德育工作的借鉴价值

教育事业从来就不是一个行业的事业，而应该是一个国家、一个民族的事业，教育的发展带来的影响，不仅仅是简单的社会成员的社会文化的增长，更是一个国家、一个民族的发展。

1. 加强"德育为先"的教育理念

学校是学生接受教育的最重要的场所，因而学校教育的目的和理念的确定都应该从学生的发展出发。在未来对社会主义接班人的培养中，学校应该把"德育为先"作为教育理念，在学生成长的道路中把对他们的德育教育放在首位，让他们在成为对社会有贡献的人之前先成为一个人格健全，三观端正的人。人之所以与众不同，是因为人是会思考的，人会通过劳动创造价值，也会通过创造价值证明自己作为人的价值。所以，人在社会中一定要通过各种途径习得作为人应该具备的德育素养，学校也应该把学生培养成"德、智、体、美、劳"全面发展的人才。

2. 肯定学生在教育过程中的主体地位

未来社会发展的主力军是新时代的新青年，因而，在整个的学校教育过程中应该把学生的主体地位放在首位，肯定学生的主体地位将极大程度地肯定他们作为未来社会主人的身份。社会的发展离不开社会主体的推动，学生作为社会成员的一部分在整个社会发展的过程中是特别重要的一支力量，因而，对于学生的能力培养和素质提升都将会是一个比较漫长而艰难的过程。教师应该转换以往的教学思维，明确自己在教学过程中的地位，把学生作为学习的主体，积极引导学生学习，循循善诱，启发学生独立思考，把学生当成真正学习的个体，而不是为了社会发展而培养出来的只会考试而素质能力低下的学生。

3. 营造良好的德育环境

我们每一个教师都有责任和义务对学生进行思想政治理论的教育，为了培养更优秀的人才，教师应该努力学习、终身学习，提高自身的科学文化素养和思想品德修养，应该具有较高的政治素养、深厚的国家情怀、创新的思维模式、宽广的视野眼界、严格的自我要求以及高尚的人格魅力。作为新时代建设者的引路人，我们必须让学生首先相信、喜爱我们，才能更好地拉近与学生的距离，进而更好地从事教育活动，做好教育事业。

作为思政课的教育者我们必须成为课程改革的先行者，充分利用经济发展所带来的一切优势，利用互联网新媒体这个强大的媒介，用真理的强大力量引导学生。要更好地发挥思政理论课带头人的作用，培养学生辩证的思维，从理论联系实际推动思维模式的进步。

4. 采用对口的德育方法

要培养符合新时代要求的青年人，教育者要以更高的要求来约束自己的行为，不仅要"内圣"还要"外王"。习近平总书记强调，青少年是祖国的未来、民族的希望。[19]要培养好社会主义的接班人，我们不应该拘泥于以往的教育模式，而是要在了解每个学生的基础上提出适合他们的"特色教育模式"，这个"特色教育模式"最核心的地方是遵循朱熹在进行德育时提倡的"循序渐进"和"因材施教"的教育原则，认真对待每一个学生的发展前途，绝不放弃任何一个社会主义国家的成员，为社会主义国家的发展培养各类人才，为社会主义国家的建设打好基础。

朱熹德育思想的形成与他所处的时代和家庭有不可分割的联系，"在实际的历史进程中，思想与社会的变迁往往是交织在一起互为因果的"[20]，在众多名师的谆谆教诲下，他不仅对儒学经典有很深刻的领悟，同时对道学思想、经学思想等都有所涉猎，并且能够提出自己的独到见解。朱熹能够将毕生所学形成庞大的理论体系与他的勤奋和对学术研究的"苛刻"是分不开的。朱熹提出的德育的原则方法对于我们当今时代培养人才仍然具有重要的意义，我们应该积极地将朱熹提出的德育思想研究方法与我们所处的时代紧密结合，从而找到适合我们今天人才培养的方法。新时代的新青年的道德教育，关键在教师，决定因素还是学生，个人自我理解的变革是促进整个社会前进的重要因素。新时代赋予新青年、新教师新的使命，因此所有教育者必须严格要求自己，成为推动社会进步的重要力量，承担推动改革发展、培育社会主义合格人才和接班人的重要历史使命。新时代的新青年肩负着建设伟大祖国的重任，因而对于他们的培养，不管是技术能力还是素质修养都有更高的要求。新青年们也要时刻严格要求自己，做好基本工作，为早日实现中华民族伟大复兴中国梦而不断努力，为早日建成富强、民主、文明、和谐、美丽的社会主义国家贡献自己的力量！

参考文献

[1] 马克思恩格斯选集：第三卷［M］. 北京：人民出版社，1972：321.

[2] "南海号"成功出水［N］. 人民日报，2007-12-23（5）.

[3] 林升. 题临安邸［M］//田汝成. 西湖游览志余.

[4] 范成大. 吴郡志. 卷五○［M］//宋元方志丛刊. 北京：中华书局，1990：156.

[5] 马克思恩格斯选集：第三卷［M］. 北京：人民出版社，1995：135.

[6] 束景南. 南宋史研究丛书［M］. 北京：人民出版社，2008：10.

[7] 张岱年，朱贻庭. 中国传统伦理思想史［M］. 上海：华东师范大学出版社，1989：29.

[8] 白璐. 朱熹德育思想及其当代价值研究［D］. 洛阳：河南科技大学，2015：20.

[9] 李兰玉，苏艳霞. 南宋著名理学家朱熹的德育思想发微［J］. 兰台世界，2014（6）：132-133.

[10] 梁励. 朱熹德育思想初探［J］. 徐州师范学院学报，1992（2）：84-89.

[11] 黎靖德. 朱子语录［M］. 北京：中华书局，1986：46.

[12] 朱熹. 晦庵先生朱文公文集［M］. 上海：上海古籍出版社，2002：336.

[13] 李良虎. 浅谈南宋朱熹德育思想对近代德育教育的启示［J］. 兰台世界，2014（12）：93-94.

[14] 毛长娟.略论朱熹的德育思想及其意义 [J].中州大学学报, 2010, 27 (2): 88-90.

[15] 朱熹集.卷三十六.答陈同甫 [M].成都:四川教育出版社, 1997: 1592.

[16] 刘佩芝.朱熹德育思想对当代大学教育的启示 [D].福州:福建师范大学, 2006: 51.

[17] 王荣珍.理学集大成者——朱熹 [M].长春:吉林文史出版社, 2009.12: 36.

[18] 余英时.余英时文集之宋明理学政治文化 [M].桂林:广西师范大学出版社, 2004: 86.

[19] 习近平主持召开学校思想政治理论课教师座谈会 [EB/OL].中国政府网, 2019-03-18.

[20] 〔美〕田浩.朱熹的思维世界 [M].南京:江苏人民出版社, 2009: 5.

第十章 张载德育思想

党的十九大报告指出："深入挖掘中华优秀传统文化蕴含的思想观念、人文精神、道德规范，结合时代要求继承创新，让中华文化展现出永久魅力和时代风采。"[1]传统德育思想指的是在中国古代这一历史期间形成的系统的德育思想，在概念、内容和方法等多方面反映了历史和民族的特点。对张载德育思想的研究可以为当代社会德育思想的发展提供正确的精神引领和强大的精神力量。

当代社会，中国政治、经济、文化发展的速度让人为之自豪，但同时也存在一些不足，道德教育发展不足的问题日益突出。因此，德育思想的发展受到了越来越多的关注和研究。

中华民族的文化历史悠久，博大精深，对中国传统文化的挖掘也是对社会主义精神文明建设的不断反思。改革开放以后，学术大师们用不同的方法从不同的角度研究中国文化，取得了巨大的成果。面对大学文化知识的缺乏，若想让大学生继承和发扬传统文化，中国传统文化的研究就不仅要有较高的学术水平，也要非常现实地重视其对大学生的影响，它必须成为高等教育中的一个重要的话题[2]。

基于对中国传统文化的研究，笔者从张载的德育思想和方法出发，结合前人的研究成果，选择了有意义的、重要的、需要继承的内容进行论述，剔除了那些被时代严重淘汰的东西。以"不忘初心，博采众长"为指导思想，系统地研究张载的德育思想。张载的一生中的大部分时间都在研究儒家思想的发展，他继承了古代教育思想，结合自己的实践教育经验，完善了古典教育。他的教育思想对当代社会也具有一定的借鉴意义。即使在飞速发展的今天，它仍然在激励和指导中国当代思想政治教育方面发挥着重要的作用。

张载（1020—1077年），字子厚，宋凤翔府郿县人，祖籍大梁，张载出生于官宦之家。因为他曾经在凤翔县横渠镇周围著书讲学，世人称其为"横渠先生"。[3]他所代表的学派被后人称为"关学"。

年少时的张载就有强烈的忧国忧民之心和治世救民之志。他努力学习各类知识，尤其特别喜欢军事。21岁那年，张载在去往延州的路途中见到了范仲淹，他希望得到范仲淹的认可从而对国家有所帮助。但是，范仲淹劝说张载，只有满腔热血是不能够去报效国家的，希望他回去能细细研读《中庸》，用儒学的知识来丰富自己，才能快速成长。被说服后的张载回到了横渠镇，开始细细阅读《中庸》，研读儒学，接着又学习了有关佛道的书。张载发现佛教和道教的学说并不适合自己的治世之志，于是就返回去重新研读儒学经典。经过几十年的潜心钻研，他终于形成了属于自己的独特的思想体系。

嘉祐二年（1057年），37岁的张载考中进士。在京师期间，张载在汴京的大相国寺讲《易》，听课的人很多，他还谦逊地与二程兄弟进行探讨和交流。神宗时期，王安石主张变革，虽然说张载和王安石在治世之志上都有很大的抱负，但是两人在政事上经常意见不一。这让张载感到深深的不安，他意识到自己的远大抱负是不可能实现的，于是称病辞去了官职，回到了终南山下的横渠镇。

在横渠镇时，张载以务农为生。平日里，他坚持研读儒家经典，潜心研究，撰书讲学，《东铭》《西铭》就是在横渠镇的时候写的。除此之外，张载对于古代的制度典范也做了一定的研究，并不断推行古礼的实践。与此同时，张载还将"渐复三代"的理想付诸实践，和弟子一同对宗法制进行了探索与实践。张载在儒学研究的过程中也意识到了只有用忠孝、仁义、礼乐等理念原则来重塑社会秩序，才能真正实现"万世太平"的理想。[4]神宗熙宁十年（1077年），张载带病回京任职，他希望这次能够实现自己的远大志向。然而，他的伟大理想和雄心壮志都未能实现，在病情加重之后再次辞官回归横渠。在走到临潼境内时，张载病逝，享年57岁。

张载是北宋时期杰出的思想家。他的思想体系在中国历史上占据着重要地位，他的德育思想也是有利于当代社会的发展的，值得我们研究学习。

张载留下了很多珍贵的文化遗产，包括"为天地立心、为生民立命、为往圣继绝学、为万世开太平"，关学的主要目的集中体现在这四句话中，因此被称为"横渠四句"。张载以后的思想家大都对他赞誉有加，二程把他和孟子相提并论，朱熹也把他列为北宋五子之一。王廷相和王夫之也说，他们深受张载思想的影响。不仅如此，政治家们给予了张载高度的称赞。时代在不断发展，但是张载的意识形态和文化没有被遗忘，也没有过时，反而被历代人研究和学习。

我国德育思想的发展面临着十分重大的挑战，尤其是当代大学生的德育思想发展。张载的思想中蕴含着值得借鉴的德育思想，能够有效地改善当前德育所面临的困境。因此，对于张载德育思想进行研究不仅具有学术价值，而且具有重要的现实意义。

张载哲学思想的内容十分丰富，他在中国思想发展史上具有重要的地位，对后世的哲学思想的提出和发展产生了积极的影响。张载告诉我们要立志于世界、关怀天下苍生，自觉承担起对国家社会的责任。因此，他的思想一直都在被后人研究学习。

国内学术界对张载学说的研究十分活跃，呈现出一派欣欣向荣的景象。[5]然而，国内学者主要关注的是张载关学著作的编纂，他们对于张载的哲学思想进行了大量的研究，而对张载德育思想的研究才刚刚起步，还没有形成系统的理论体系，没有重视将张载德育思想与我国德育的实践活动相联系并进行专门的研究。

唐君毅在他的《正蒙》中借鉴了张载的著作思想，同时对于张载思想中所蕴含的人文精神和教育理念做了深入的挖掘和研究。除此之外，张岱年、冯友兰等人也对张载的思想有一定的研究。综上所述，国内学者对于张载思想的研究并未中断过，但不足的是，大部分都是对他哲学思想的研究，对于他的德育思想的研究少之又少。

张载的思想在国外也产生了重要的影响，外国学者对他的研究也不曾间断。英国的李约瑟就对张载的思想进行了一系列的研究和探讨。李约瑟对于张载思想中的气本思想表示深刻的赞同和认可，对于张载在唯物主义的前提下提出的"太和"一词，他认为这与西方哲学的一些观点不谋而合。张载及其学者们根据无生命的宇宙得到的一系列的道德原理，是可以作为人类最高的价值取向的，是对中国古代自然思想史的发展的不断尝试和发展。此外，近些年以来，邻近的东亚国家，尤其是日本、韩国的学者对张载的思想也做了很多的研究。在日本，明治维新以来，以东京的学者为代表的研究者一直把张载的思想作为重点研究课题。张载曾经居住过的横渠镇曾多次举办有关张载思想的国际交流活动，包括日本和韩国的众多学者齐聚一堂，一起交流探讨，不断寻求张载思想的创新发展。张载的后人也曾被韩国邀请，前往韩国参加了为期数月的学术交流会议。这一系列的研究学习都表明张载思想对外国精神文明具有重要影响。

总的来说，张载思想在国内外专家学者中都有着十分重要的地位。各学者主要集中在张载哲学和关学两方面的研究上，而对于德育思想的研究却极为罕见。针对这一现象，笔者在阅读大量文献资料的基础上，对张载的德育思想进行了整理归纳，以期更好地提升当代社会的精神价值追求和道德品质，并对当代教育过程进行反思，对发展产生一定的现实影响。

一、张载德育思想的形成、发展与哲学基础

张载的德育思想是在他的不断学习中形成和发展起来的。他先读中庸之道、读佛经，再回头读儒家经典。在张载的"入世"和"出世"之后，他的德育思想得到了不断的发展和完善，最终形成了一个完整的理论体系。

（一）张载德育思想的形成和发展

张载从小就很聪明，表现出了不同寻常的性格。在见过范仲淹后，他接受了范仲淹的建议，回到横渠镇学习和研究《中庸》，但完成后仍然感到不满意，所以他继续学习佛经。经过几次学习，又回到了儒家学说。面对二程兄弟，他求知若渴，倾听着二程的意见。在横渠讲学期间，他写了大量的书，总结了他一生的学术成就。张载思想的基础是他的"气本论"思想。在"气本论"的哲学基础之上，他提出了建设规划的"民胞物与"，并主张突破传统的君主和臣子、父亲和儿子、年轻人和老年人、朋友之间的界限，消除贫富之间的差距。为了建设平等仁爱的社会，张载不断努力。张载的思想体系已经形成了科学的基本框架，并形成了许多科学命题。最终他以《易》为宗、以

《中庸》为体、以《礼》为用、以孔孟为律,形成了完整的思想体系。

(二)张载德育思想的哲学基础

在人性方面,张载创造性地提出了人性的二元论,即整个人性分为两部分:气质的本质和天地的本质,人性的二元论是张载教育思想的理论基础。[6]

张载从自然观出发,提出了天地自然和气质自然的二元论。它从唯物主义和辩证的角度对人性进行了有价值的解释。[7]显然,这是一个巨大的进步。在孟子所代表的善论中,恶的根源并没有得到解决。荀子的人性恶理论中又未曾提及如何改善人性的恶。而董仲舒、张载提出的人性二元论解决了人性的不平等、不利于教育的"性琐碎主义"。张载用"性情变化"解释了教育的影响,证明了教育的重要作用。"学可以动"的结论纠正了孔子"生而知"的错误,为陈亮、王夫之等人都提供了宝贵的理论依据。[8]总之,新儒家基本继承了张载的人性二元论,在此基础上,"自然的生存和人的欲望的毁灭"被还原为"天地"问题,成为教育过程中需要解决的基本问题。

二、张载德育思想的内容

张载关于德育的思想主要体现在《正蒙》《横渠易说》等著作中,这些书是研究张载德育思想的重要依据。张载的德育思想博大精深,值得我们借鉴学习。

(一)"为天地立心"的天道观

1. "太虚即气"

张载认为"由太虚有天之名,由气化有道之名",并以此派生出他的核心思想"太虚"。

我们可以看到,张载把"太虚"定义为阴阳不可分的气,这与汉唐学者用"太极"来指阴阳不可分的气没有多大区别。在张载早期的著作中,"太虚"确实经常被称为"太极"。然而,他在后来的著作中,用"太虚"代替了"太极",以突出他和汉唐学者思想的不同,赋予"太虚"更丰富的超越内涵。因此,"太虚"是张载全部思想中的一个特殊的概念,也是理解张载哲学思想的基础。面对张载的全部思想体系,不能简单地把"太虚"理解为世界上一切事物的物质。首先,"太虚"被认为是自然的起源,是世界万物的基础,是最根本、最永恒的终结。非常真实,这里"太虚"的状态相当于"天堂"。其次,张载认为,"太虚"不仅具有自然世界的原始属性,而且具有价值世界的本质属性。最后,"太虚"不仅是一切的起源,也是一切同情变化的根源。张载认为"太虚"是一种超越和覆盖阴与阳之间的互动。

2. "一物两体"

张载认为,如果没有对立,就没有统一。这两个对立面将无法相互作用。这就是所谓的"一物两体"。

张载反对太极,认为太极是气,吸收了古代"物生有两"的辩证法思想。他主张太极本身包含阴阳,这是一个矛盾的统一。他认为"一物两体"不仅把气体看作世界的起源,而且强调矛盾的普遍性。一切由气和气组成的东西都包含两个方面的矛盾,矛盾双方的相互作用是发生变化的基础,对立统一是不可分割的。虽然朱熹不同意张载的观点,认为他太傲慢,但他赞扬"一物两体",承认张载的独创性。方益智和王夫之等都在一定程度上继承和发展了张载的"一物两体"思想。

3. "大其心"

《正蒙》卷末,张载展示了一个超越天地道德的生态境界。要达到这种"圣人"境界,需要培养"大心"。一颗"大心"可以理解世界上的事物,但这些事物不是物质的,所以心是外在的。"大"这个词的意思是"心",印在天地之间。在《横渠易说》中,张载阐述了"天地之心"。

"天地之心唯是生物",而人类的生态修养就是认识到这一"生物之心",弘扬世间万物的生态美德。张载指出了实现"大其心"的两种途径:一是努力使自己符合道:"身而体道,其为人也大矣。"[9] 忘记了小我,即使是没有了自我,你会变得伟大,而伟大会变得神圣。张载用一个生动的比喻来形容这个"大"领域:大海不潮湿,因为有知识的人是潮湿的;仁慈的人没有恩典,缺乏的人有恩典。真正的"大"精神境界是一种忘我的"大",是一种像大海一样的自我牺牲。潮湿与否并不重要,因为干燥的东西会显示出它们潮湿的能量。也就是说,没有所谓的恩典,恩典的美德被需要它的人反映。

二是必须"虚心","虚心然后能尽心",张载把"虚心"看作认识上升的保证和条件。他认为"虚心"就是孔子所说的"绝四"或者"毋四"。他说:"毋固者,不变于后,毋必者,不变于前。毋四者,则心虚。"所谓的"毋四"出于《论语》,"子绝四:毋意、毋必、毋固、毋我"。张载认为意、必、固、我是四种在大脑中先入为主的思维定式,如果人们心存臆想(有思)、幻想(有待)、固执(不化)、偏见(有方)中的任何一种,就会产生片面性的认识,使主观认识与天地"不相似"。"毋四者,心虚也",心中不存臆度、幻想、固执、和偏见,犹如白纸一样,就叫作"虚心"或者"心虚"。

4. "见闻之知"与"德性之知"

张载认为客观事物是知识的基本来源。他深刻地指出,客观事物具有两个层次的表征和性理,因此,人们的认识过程也经历了从外表到性理的两个阶段，事物的知识表征是通过感官获得的，他称之为"见闻之知"。事物的性理知识是通过器官取得的思想，他将其称作"德性之知"。张载认为，"见闻之知"是知识寻求的第一阶段，对整个知识的总体来说必不可少。"诚明所知""德性之知"都是相同的含义。

张载对孔子的唯智之说进行了重构。他相信：不移者，安于见闻安于所执而不移也。[10]这里所说的"德性"与"见闻"是反义词，因而是指"德性之知"。这意味着能够掌握"德性之知"的人就是聪明的人，安于"见闻之知"的人就是无知的人。因为在知识上不求上进，所以叫作"不移"。要做"上智"还是做"下愚"，关键在对知识的态度，使圣人由"神"变为"智者"，这是张载对"四书"的贡献。

(二)"为生民立道"的人性论

1. "仁人"的标准

"仁人则须索做，始则须勉勉，终则复自然。"[11]在这里，"仁"也被视为培养、区分学习表现和处理人际关系的基本原则。但是，"仁"的含义与四书的含义不同，后者是张载对"仁"标准的解释。首先，张载认为"仁"是"善仁而恶"的统一，"仁"包括两部分内容：应该做什么，不应该做什么。其次，张载认为，仁、义、礼、智是不可分割的，其中一种美德（仁慈）和多种美德（正义、礼仪和智慧）是相互联系的。只有统一这四种美德，才能促进仁慈的全面实现。张载是第一个提出"仁"和"理"关系问题的人，他认为"理性"是"仁"的基础，顺应理性的行为就是"仁"。张载充分发挥了孟子的思想，巧妙地解释了"自然"和"礼"、"仁"和"礼"的一致性。他认为事物的本质包含事物的秩序（法律），人的仁慈、正义、礼仪和智慧的本质包含了生命的原因,所以"仁"源于"理性"而存在于"心"中。他说空洞导致仁慈,仁是基于理性的。这是说"仁"所包含的一切内容都是理性的,依法规定的,人们应该通过主观努力实现仁慈,成为符合封建伦理要求的"仁慈人"。

2. "天地之性"与"气质之性"

张载从"太虚"这个宇宙界渊源入手,对人性做了"天地之性"和"气质之性"的双重定义,"天地的本性"和"气质的本质"都源于"太虚"的气,这是自然本性与价值本质的统一。张载认为,如果你对学者感兴趣,你就不会在意气质的好坏,而只会看意志如何。这是说性情好的人或性情不好的人,他们都应该对学习感兴趣,把学习作为坚不可摧、勇不可摧的志向。"性美而不好学者无之,好学而性不美者有之。"[12]这是因为圣人是可以通过不断的学习实践达到的。他还鼓励学者们说,学习当中的美德是大家都明白理解的。像张载这样既告诫又鼓励地进行思维灌输,真的算得上是用心良苦了。

张载强调,人的主观努力、后天学习和外在条件能够促进人的社会(道德)属性的形成,使人的生理和生活本能服从于一定的伦理规范。这种强调后天功能的学说在一定的程序上否定了"天人合一"的先验人性理论。

3. "天理"与"人欲"

张载认为,从人性是天地的本质,和气质的性质是相反和统一的观点来看,自然与人类欲望的关系也是对立的统一。在他看来,人与天地的本性是最自然的善,因此善的本质就是天理。他说,"气质只是理性,而不是要有这个事物,但如果它是自然界的东西,那么既有善也有恶;如果它不是自然界的东西,就没有邪恶"。[13] "人的气质"是具体的,表现出人们对物质的追求,因此被称为"人欲"。张载以人性论为基础的伦理观反映了新儒学时期的特征。

张载总结了以下含义：第一，"天理"是世界公理。凡是"能够取悦人心"的事情，得到世界人民公认的都是世界建设发展的理性，是能够贯通和反映天下之志和天下之理的；第二，"天理"是独立于个人的意志；第三，"天理"是变化和发展的，就是当前很适当的真理，随着人们对自身和对事物认识的不断深入，"天理"的内容也会不断丰富，这意味着没有永恒的"天理"；第四，"天理"只有一个，但它的表现却不同。所谓"立天理乃各有区处"，换句话说，在事物中，它反映了事物的原因，而在人们中，它反映了天地本质的至高无上。可见，张载所说的"天理"是一个复合概念。

张载认为"人欲"与"穷人欲"是相互联系、区别的，是合理恰当的，如果有追求财富的机会，就可以努力去争取。与之相对的是"灭理穷欲"。在张载看来，"人的欲望"是被允许的，但它包含着罪恶的根源。如果你向前迈出一步，就是一种不好的行为，那就是穷人的欲望了。所谓"穷欲"，张载认为就是在对物质欲望的追求中的理性的丧失。换句话说，如果想谈论渴望而不谈论道德的就是穷人们的欲望。此外张载还特别反对过分享受的风气。如果你喜欢豪掷，你就会尽情放纵自己；如果你追求享受，那你将不知道什么是适当的。

（三）"为往圣继绝学"的道统论

1. 继孔孟之绝学

张载认为，在孔子和孟子去世后，圣贤的方式变得无法学习。之后虽然有荀子、扬雄等儒家学者，但他们无法得到儒家的正统和圣人的学习。正统儒学衰落，佛教开始繁盛，圣人的学习变成了绝学的局面。张载举起了"为往圣继绝学"的旗帜，传承儒家学说，传播"儒道"。

张载批判了"使儒、佛、老、庄混然一途"的思想倾向。张载认为，首先，"道一而已"，只有儒家一个真理，在儒、佛两种对立的学说中，这种学说正确，那种就是错误的；这种学说错误，那种学说就是正确的，所以不能平等地对待这两种学说。儒学和佛学有着不同的世界观，学习的宗旨和目的是不同的。其次，只有了解"昼夜阴阳"的普遍规律，即"太虚之气"，才能了解姓氏和生命的本质，进而了解什么是圣人、什么是鬼神，才能不受迷惑。为此，张载反复强调要在儒学思想内进行"性与天"教育的必要性，并认为孔子就是通过"穷理"的方法去理解生命、认识天道的典范。张载认为，只要学习孔子所谓"穷理"的经验，就能自觉地继承和维护儒家的思想，防止和纠正儒家思想中所出现的"异"。

2. 对佛、道"异端"的辨析

张载所说的"异端"，对象比较广泛，"道不同谓之异端"，思想、主张不同的都叫作"异端"，但他主攻方向是佛教，兼及道家和道教。在张载之前，许多儒家学者批评过佛教，但大多是从政治和社会的角度出发的，即批评佛教的政治偏差和社会危害。张载批评佛教的"一切唯心主义"和"一切规律只是知识"的主观唯心主义。批判佛教对"死、生、行"的"转世"迷信；他还着重批评了老子的"无生有"的虚无主义，以及他的"与生俱来""永生不死"的人生哲学。张载以气论为基础，针对佛教和道教的各种谬误，倡导传统儒家哲学的道德理念、"一日一人，内外结合"的价值理想和"不谈论怪力乱神"的现实原因。

张载所谓的"绝学"指的仅仅是以孔子和孟子为祖先的传统儒学。然而，他自觉建立的传承文化的使命意识和责任精神却有着持久的启发意义。它不仅增强了我们继承优秀传统文化的责任感，也增强了我们发扬传统文化的信心。

(四)"为万世开太平"的社会理想

1. 重建"封建",适当分权

中国古代学者所谓的"封建主义",是指先秦诸侯割据的制度。它始于商朝,兴盛于周。秦建国以后,"封建"制度被郡县制所取代。这导致了许多的争议。在唐朝,柳宗元的"封建主义"从人的进化、国家的起源和发展的角度,肯定了商周时期"封建主义"在社会中的作用,并从西汉早期七国复辟的教训出发,提倡不恢复"封建"制度。后来,张载主张再建"封建"制度。这是历史上的重大倒退吗?张载主张改造"井田",主张改造"封建主义"。井田封建主义没有体罚,仍然可以使社会得以发展。因此,实行"封建"制度,可以让治理国家做到简单而完善。"封建"主义的分散化能解决中央集权带来的弊端。

在张载看来,井田制的实施是为了解决耕作问题,即农民的饮食穿衣问题,"封建主义"的重建是为了解决教学问题,即农民的教育和管理问题。他认为,最好的教学形式是维护和加强"父权制度"。张载重建"封建主义"的思想是为了改革,但这并不是切实可行的。没有一个思想家能想到一种能超越当时的生产力水平的新的生产关系。张载也不例外,所以他只能不断地受挫。

2. 推行"礼治",变法求新

张载认为,仪式由两方面构成,一方面是人为的,另一方面是自然的。他认为"理性"决定了"仪式","仪式"从属于"理性"。张载在"仪式"和"理性"之间的关系中概述了他的基本看法。他认为,首先,"制礼"的基础是义,所以"理"可以制礼。其次,"推理"的关键是"穷理"。因为今天的最高统治者不可能是"穷人",他们不可能充分地实现自上而下的仪式。最后,"观礼"的内容是"三代同堂"的。三代圣人所建立的规则体系是"理性"的结合,所有不符合"圣人"制度的措施都是被后世的儒学者加入其中的,之后将会一并被清除。

张载将"礼"的兴起提高到"理"的高度,试图探索"礼"产生的深层原因,并提出合理的因素。然而,他也把"理性"描述为封建制度和伦理规范的理论总结。因此,经过从"礼"到"理"的分析,他又回到了"礼"的起点。他的"理性"就是"礼制"的思想,对加强封建统治起到了重要作用。

三、张载德育思想的实现途径

张载作为北宋有名的思想家,他的德育思想的内容是十分值得借鉴学习的。我们要将张载德育思想与当代发展现状相结合,通过研究张载德育思想,以改变教育现状。

(一)"尊德性,道学问",强调德智统一

中国学者继承和发展了孔子与孟子"德""智"统一的原则,并逐渐演变为道性与智育的原则。张载对此也做出了很大的贡献。在他看来,"一个人的不断进步,体现在理论与实践相结合的修养过程中"[14]。儒家首先要学习仁、义、礼、智,把这些道德修养掌握以后,然后才可以去做学问。只有这样,我们才有识别我们所学到的文化的能力,我们才能把握学习的方向,而不是让邪恶误导我们的生活。张载的"尊德性,道学问"观念是对孔子与孟子统一观的继承与完善,也是深化教育观念发展的需要。

反观我国现行的教育制度,学校通常按排名划分学生等级,轻视道德教育。如果我们想要建立文明和谐的国家,实现中华民族的蓬勃发展，必须优先培养大量的人才。因此，应加快教育观念的转换，创新教育方法，不断发展素质教育，促进教育的公平，培养对社会有用的人才。

（二）"克己复礼"，约束道德行为

张载曾担任过礼官一职，是有名的礼学家，"气质变化"的理论也给礼学赋予了一定的意义。[14]在德育教育方面，张载非常重视学者的自我教育。他认为自省教育是学者探索真理的重要条件。

张载吸收前人的优秀思想，加之自己的研究，提出了"克己复礼"，他的想法至今仍有实际意义。伴随着互联网的迅速发展，西方价值观和意识形态通过各种渠道渗透到中国，甚至有人散布各种不利于中国的谣言。这些谣言都会影响在校学生的人生观的发展和形成，令其对中国传统文化的继承失去兴趣，会严重挫伤大学生的爱国热情，所有这些实际上都将阻碍思想政治教育在中国的有效实施。因此，我们应该高度重视借鉴优秀传统文化，从现代文明的角度重新审视它，从现代社会发展的角度重新解释这些优秀的思想，为当代社会和人类文明的发展提供应有的价值。在此基础上，还要加强对大学生的教育。一方面，培养他们在中华文明五千年历史中产生的自豪感和爱国主义精神；另一方面，使青少年建立正确的民族价值观和道德价值观。

（三）"立志笃信"，锤炼道德意志

张载十分重视培养文人的道德意志。首先，张载明确了抱负的重要性，他认为道德意志教学的过程是一个长期的过程。"有志于学者，都更不论气之美恶，只看志如何，匹夫不可夺志也，惟患学者不能坚勇。"[15]张载认为人没有天赋是愚蠢又可怕的，更可怕的是，一个人没有远大的抱负。张载要求学生有远大的志向，追求崇高的精神境界，而不只是满足于物质和精神领域的收获。面对经济文化的快速发展和科学技术的长足进步，人们在面对挫折时表现出的意志越来越弱。由各种问题引发的自杀事件频繁发生，这反映了教育过程中道德教育的缺失。因此，有必要加强对学生崇高理想和道德意志的培养和训练。那些有强烈的道德意志的人可以充分发挥他们的主观能动性，坚持自己的信念和取得的成就。即使失败了，他们也会乐观地面对挫折。高校德育实践者应加强对学生的理想教育，帮助学生明确人生目标。

（四）"行养结合"，注重道德实践

张载道德教育的最终目标是"实践与修养的结合"，即行为与修养的结合，以及道德的实践。张载认为，如果一个人想修身养性，学做圣人，就必须把想法付诸行动，重视事情的落实。正如张载所说："当行不当行则无诚，不诚则无物，故须行实事。唯圣人践形，为实之至。"因此，只有及时将思想转化为行动，才能达到道德上的完美。张载强调实践的必要性，认为只有"实践与修养相结合"，注重道德实践，才能从根本上提高一个人的道德素质和修养。要注重道德的实践，首先要增强实践意识，在德育教学中，教师要强化德育实践意识，积极组织德育实践活动。一方面让学生走出教室，体验社会生活中的道德，从而拥有正确的行为规范；另一方面，在教学实践活动中不断创造问题情境，使教育贴近生活现实，让学生更好地实践道德。其次，要注重德育实践的导向作用，让学生养成良好的习惯。最后，要加强学生主体的参与感，使教育活动卓有成效，活动必须以学生主体的参与为中心。[16]

四、张载德育思想的当代价值

张载的思想为后人提供了极其宝贵的精神财富，包含着丰富的德育思想。研究学习张载的德育思想，有利于充分发掘张载德育思想的价值，更好地调整我国当前的教育形势。因此，探讨张载德育思想对我国德育活动的开展具有十分重要的现实意义。

（一）借鉴张载德育思想的内容，提升公民的道德素养

1. 注重公民的立志教育

张载说"志者，教之大伦而言也"，"志"决定着人们前进的方向和目的，是一个伟大的教育计划。学习其实就像登山观景一样，如果你没有登上山顶的野心，就不可能取得成功。此外，学习还要求人们下定决心，不可以半途而废。中国经济社会结构的转变越来越快。作为一个当代大学生应该树立崇高的理想，关心国家的兴衰。要加强培养和训练的年轻学生的崇高志向和毅力和道德意志。高校教育是一个系统的教育，让"雄心壮志"触动每一个大学生的心灵，成为个体行为的内在动力是十分必要的。教育者要进一步深化这方面的研究，要高校在教育活动中有所作为。

2. 加强公民"民胞物与"和谐社会观的培育

"民胞物与"的思想起源于《西铭》，是中国古代较高水平的关于人与社会和人与自然之间和谐共生的思想，它对构建当代中国和谐社会具有重要意义。它本身包含两个方面：一是百姓是自己的弟兄；二是一切都是他们的朋友。张载的思想影响着来自世界各地的人们。民胞物与是一个重要的价值概念，有利于实现和谐社会，更有利于实现人类的共同发展。人人都应该在追求自身利益时，不损害他人的利益，要把维护现存的社会秩序和规章制度作为自己应尽的责任。在当代社会中，人与自然的关系相当紧张，这对于人类来说无疑是一种危机。我们必须运用张载"民胞物与"思想中的生态意识和宇宙意识，努力实现人和自然的和谐相处。要树立正确的意识，正确处理好各种关系，

协调人与自然的矛盾，实现人与自然的和谐相处。

当今世界各国人民的联系日益紧密，人类所面临的问题不是单个国家可以解决的，需要各国的协调和共同努力。只有坚持"民胞物与"，才能真正把"世界作为一个家庭"。为了让世界上所有国家的人都拥有美好的生活，我们必须加强公民的修养和对他们和谐社会观的培养，真正推动和谐社会的实现。

3. 笃行实践

张载指出："事在行，不行则无诚，不诚则无物，故须行实事。"这是"学贵于用"为学特征的表现。在这种理论的指导下，张载十分重视"行"。他认为他所学的东西必须用于实践。在实践活动中才能发现自己的不足，在实践的过程中不断完善自己，提高自己的道德行为修养。现代人应该活在他们的"重做"思想中，这样学生就可以把知识和实践联系起来。学校可以通过一些实践课程来激发学生的动手能力，还可以鼓励学生多参与自主实践，在实践过程中发现问题，在不断学习新知识和巩固旧知识的基础上，通过询问同学和老师解决问题，走出一条实践探索的新道路。

（二）借鉴张载德育思想的方法，增强德育工作的实效性

1. 树立"蒙以养正"思想，重视幼儿的德育

"蒙以养正"是一种早期教育思想，它源于《易经》的"象辞"。张载说："'蒙以养正'使蒙者不失其正。"[17]也就是说，要培养学生良好的道德和行为习惯，必须抓住童年时期，及时教育，使学生有一个正确的早期教育，因为再教育比教育更难。张载首先要求对孩子给予及时的教育和指导。其次，有必要给孩子积极的教育和指导。最后，有必要对孩子进行统一的道德教育。以伦理道德为基本特征的中国传统文化特别看重幼儿的性格、儿童的气质、少年的志向和成人的德行。

随着经济的快速发展,政府和家长对于幼儿的早期教育越来越重视,但是还是缺乏相关专门法律法规的规范引导。通过对中国幼儿教育现状的分析,可以看出中国幼儿教育存在的一些问题,国家对幼儿教育的扶持政策仍在加大,中国幼儿教育产业的未来值得期待。在儿童启蒙教育的过程中,我们要采用因材施教的原则,使道德教育尽可能符合学生的实际情况,避免盲目,要善于发现和关注某些有专业才能的孩子,使教育适应个体差异。因此,在思想道德教育中,我们必须充分考虑儿童的年龄特点和道德发展的实际水平,有针对性地进行教育。

2. 注重因材施教,发展个性教育

张载说:"能辨志、意之异,然后能教人。"作为一名教育者必须了解学习者的困难,了解他人的是非善恶,了解他们的美德后才能够让他们拥有真正的德行。教育学生时应该注重因材施教,教师应有针对性地实施差异化的教学,这样每个学生都可以发挥优势、避开劣势,实现最好的发展。

在我国的德育活动中,受教育者的受教育程度普遍存在差异,受教育的人都接受同一种教育,不注重因材施教。例如,在当代中国,一些学校对每个学生的道德教育知识都是完全相同的,学习的进度是完全相同的,学习方法是完全相同的。如果对具有不同学习和接受能力的人都采用相同的学习方法、学习模式,甚至学习进度,那么受教育者的潜能就无法被最大化,教育者在发展。在教学活动之前,应该对每一个受教育者进行了解和研究,在了解他们的情况后,要有针对性地引导受教育者,在整体发展中培养有个性的个体,发展个人教育可以使我们的教育事业走得更快、更远。

作为北宋重要的思想家,张载的思想和他所创立的关学在中国思想史上占据着重要地位。笔者借助张载的《正蒙》和《横渠易说》等著作系统梳理其德育思想，并结合国外相关研究成果，建立了一个完整的张载德育思想体系。总的来说，笔者希望通过对张载德育思想的研究，为当代德育的发展提供正确的精神指引和强大的精神动力。

参考文献

[1] 习近平在中国共产党第十九次全国代表大会上的报告［N］.人民日报，2017-10-28.

[2] 董蕾.国学与当代大学生人文素质［D］.武汉：武汉理工大学，2010：18.

[3] 刘浩.张载圣人观的思想意蕴及内在逻辑研究［D］.南昌：江西师范大学，2017：5.

[4] 张文城.张载德育思想研究［D］.海口：海南大学，2017：9.

[5] 方光华.张载思想研究的历史回顾［J］.长安大学学报（社会科学版），2015（1）：1-13.

[6] 叶世隆，吴显道.论中国传统人性论与现代德育的指导思想［J］.青年与社会，2013（3）：262-263.

[7] 梁美华，朱爱莲.论张载的人性论及其德育思想［J］.世纪桥，2009（21）：49-50.

[8] 孔令华.关学宗师张载的教育思想［J］.长安大学学报（社会科学版），2007（2）：57-61.

[9] 张闰洙.张载的大心工夫论［J］.湖南大学学报（社会科学版），2008（4）：06-10.

[10] 张载.张载集·张子语录上［M］.北京：中华书局，1978：134.

[11] 张载.张载集·经学理窟·月令统［M］.北京：中华书局，

1978：68.

[12] 张载. 张载集·张子语录中 [M]. 北京：中华书局，1978：112.

[13] 史少博. 土田健次朗对儒家思想的研究与传播 [M]. 哈尔滨：黑龙江人民出版社，2012：12-15.

[14] 孔令华. 张载的教育思想探微 [J]. 理论导刊，2007（2）：106-108.

[15] 张载. 张载集 [M]. 北京：中华书局，2010：187.

[16] 张萍，李娜. 张载的德育思想对高校思想政治教育工作的启示 [J]. 黑龙江教育学院学报，2013（1）：101-103.

[17] 张载. 张载集·正蒙中正篇 [M]. 北京：中华书局，2010：13.

[18] 张淑琴. 宋代张载的德育教化思想及其实施路径 [J]. 兰台世界，2015（18）：154-155.

[19] 龚杰. 张载评传 [M]. 南京：南京大学出版社，1996：87-94.

第十一章 陈亮、叶适德育思想

南宋时期学术极为繁荣，当时的学派以程朱理学与陆王心学为主。在浙江地区，还出现了以吕祖谦为代表的婺学派、以陈亮为代表的永康学派和以叶适为代表的永嘉学派。就其学术本旨来说，吕祖谦之学折中于朱、陆之间，而陈亮、叶适之学，尽管各自也有不同之处，但皆与理学相对立，都注重功利实用，反对理学的空谈道德性命，被称为"浙东事功学派"。与朱、陆二派鼎足而三，可见陈亮、叶适所代表的浙东事功学派在当时学派中的地位。陈亮与叶适一生交好，情谊甚深。二人平生反对空谈性命而重事功，将事功之学同现实政治结合起来，把事功精神渗透于学术思想，主张功利实用。正如叶适所说，"欲明大义""图大事"，就必须"务实而不务虚"，以期"求公心""立定论"。[1]

陈亮（1143—1194年），原名汝能，字同甫，号龙川先生，浙江永康县（今永康市人）。1169年在《中兴五论》中提出匡救国家之法，但因奏入而不报未见成效，后又两次被诬入狱。从淳熙十一年（1184年）开始，在王霸义利问题上，陈亮主张王霸并用，朱熹则认为要行王道，二人就此问题展开了十余年的辩论，陈亮的思想也在此次辩论中逐渐成熟。陈亮之学从师承关系来讲并无承接，但就其渊源而言，以儒家学说为基础，再吸收王通《中说》思想，最后借鉴吸收北宋诸子之学，在众家之说的基础上形成了其自身思想，可谓杂而不乱，又能比前人之说多一些新意，因此陈亮成为南宋思想界的一方泰斗。

叶适（1150—1223年），字正则，号水心先生，原籍处州龙泉县（今浙江省丽水龙泉县），后涉居温州瑞安，最后定居于温州永嘉（今浙江温州）。叶适在禁道学、庆元党禁、开禧北伐等事件中都受到影响。叶适在永嘉求学时期遇见了薛季宣、陈傅良并与二人交往甚密，薛、陈二人的永嘉之学对叶适产生了巨大影响，可以说叶适师从薛、陈二人，在此二人思想的基础上推进了永嘉事功之学的发展。

近年来，学术界鲜有涉及陈亮、叶适二人的德育思想，虽然陈亮、叶适的思想体系中较少直接谈论教育问题，但他们的思想观点对当代德育极具启发与借鉴意义。

一、陈亮、叶适德育思想的历史背景与理论基础

陈亮、叶适的德育思想的形成有两方面的原因：一是南宋当时的政治、经济、文化背景，二是与二人的社会交往、所受的教育、所承接的思想有关。

（一）陈亮、叶适德育思想形成的历史背景

任何一种德育思想的产生都与当时特定的社会背景息息相关，政治、经济、文化的发展变化促进相应的德育思想的形成。

1. 陈亮、叶适德育思想形成的政治背景

陈亮与叶适德育思想是围绕匡救家国、抗金中兴的政治思想展开的。当时，于外，金、蒙两国虎视眈眈，于内，阶级压迫不断加剧，

民族矛盾与阶级矛盾交织杂糅，但主要矛盾是民族矛盾。面对金国的入侵，是战、是和还是守成为当时朝廷所面对的主要问题。在对金战争节节胜利的情况下，主战派与主和派各执一词，但最后还是以"绍兴和议"的签订惨淡收场。随后举行的隆兴北伐也以失败告终，并签订了屈辱的"隆兴和议"。此种局势使南宋百姓处于宋、金两国统治者的双重压迫之中，起义不断出现，面对此景，南宋政权选择镇压。在生死存亡的关头，知识分子产生了救国图存的忧患意识，这种意识促使知识分子思考中兴卫国的方案，陈亮、叶适便置身其中，力求改变现有局面。陈亮、叶适本属理学后生，但随着社会矛盾的不断激化，他们深刻认识到理学的道德性命之谈足以使朝廷决策和百姓心态步入歧途，而"理学所蕴含的空虚之弊是造成这种社会危机的重要原因"[2]，他们竭力倡导功利，形成了以务实为特征的功利主义德育思想。

2. 陈亮、叶适德育思想形成的经济背景

陈亮、叶适德育思想的形成，不仅受南宋的政治军事形势的影响，同时也与当时的经济环境相关。一方面，南宋朝廷为保短暂的政权稳定选择向金、蒙两国缴纳岁贡以示诚意，是以南宋赋税十分苛重。"正税之外，科条繁重。"[3]除此之外，各方势力趁战乱之际，强占农民土地，掀起了土地兼并的狂潮。另一方面，南宋经济繁荣发展，在农业、工商业、外贸等领域都远超金、蒙两国。纺织业的规模和技术远超金朝，造船业空前发展，商品经济发达，"商品交易额在20000万缗以上，可见商品交易量之巨大"[4]。且对外贸易港口众多，水运交通十分便捷。陈亮、叶适德育思想就是在这样一个经济繁荣又岁贡不断、赋税沉重的背景下产生的。

3. 陈亮、叶适德育思想形成的文化背景

南宋学术十分繁荣，当时的学界可谓群星灿烂。张栻、朱熹、陆九渊、吕祖谦、薛季宣等都是当时声名显赫的学者，可见人才之盛。南宋的诸多学者喜欢聚徒讲学，因此南宋也是书院发展的巅峰时期，当时张栻于岳麓书院讲学，朱熹慕名前来与之相见论理，是时远道而来听课者甚多，盛况非凡，可见当时学院发展的盛况。各学派之间的论争也十分频繁：鹅湖之会——朱、陆"为学之方"之争、"无极""太极"之辩——朱、陆世界观之争、王霸义利之辩——朱、陈历史观之争，这些论争促进了各学派的发展，也是南宋思想繁荣的标志之一。陈亮、叶适便是这灿烂群星中的两颗明星。

（二）陈亮、叶适德育思想的理论渊源与基础

陈亮、叶适的德育思想的形成既离不开南宋特定的社会背景，也与二人所承接的前人理论学说有关。

1. 陈亮、叶适德育思想的学术渊源

功利主义是陈亮、叶适德育思想的精髓，张载的"学贵致用"思想、"二程"（程颐、程颢）的"明道致用"思想以及元丰九先生的学术思想对陈亮、叶适德育思想的形成具有直接且深远的影响。张载认为，教育的最终目的是使人变化气质，具备德行从而成为圣贤，强调"学贵有用""笃行践履"，反对空知不行，学而不用。张载曾言："圣人苟不用思虑忧患以经世，则何用圣人？"[5]这种学贵履践的思想是陈亮、叶适功利主义德育思想的基石。"二程"认为教育的必要性在于使人除去私欲之弊，气质之偏，成为圣贤。主张读经致用，认为"今之学者有三弊：一溺于文章，二牵于训诂，三惑于异端"[6]。只有克服这三点，才能进入圣人之道。读书的目的是明理以致用，知识必须达于实践，见诸行动。正是由于二程的"穷理致用"思想，才有"永嘉以经制言事功，皆推原以为得统于程氏"[7]之说。元丰九先生是指宋神宗元丰年间入太学学习的永嘉士子：周行己、许景衡、赵霄、

张辉、刘安节、刘安上、戴述、蒋元中、沈躬行九位,其中周行己与许景衡是九人中的代表人物,他们兼传洛学与关学,在永嘉学术发展中起到了开风气之先的作用。可以说元丰九先生的学说是陈亮、叶适思想形成的间接渊源。

2. 陈亮、叶适德育思想产生的师友渊源

陈亮学无常师,在师承关系上并无承接,可以说陈亮的德育思想是在独立特定的环境中形成的。陈亮与叶适一生交好,与永嘉学派学者的交流也十分频繁,在德育方面,永嘉学派对陈亮德育思想的形成有较大的影响,而陈亮的思想也给予了永嘉学派不少的启发。

叶适出身于"贫匮三世"之家,家庭虽然贫困,但其母杜氏坚持让子女接受教育,所以对叶适德育思想形成产生影响的师友较多。一是郑伯雄、郑伯英兄弟,它们二人是当时温州学术界的领军人物。郑伯雄私淑于周行己,周行己兼传洛学与关学,因而郑伯雄也兼传洛学、关学。郑伯雄认为人人都应省己修德,又认同学贵致用的思想。叶适曾问学于郑伯雄,他在《哭郑丈四首》中承认自己受过郑伯雄提携。郑伯英与叶适是忘年之交,他对叶适也有不小的影响。郑伯英传郑伯雄的洛学与关学,又兼收薛季宣的思想,但他更倾向于关学的经世致用。叶适在《祭郑景元文》中表示:郑伯英对他学术、生活等方面颇为照顾,肯定了郑伯英对他的影响。二是陈傅良、薛季宣。薛季宣之学,"讲明时务本末利害,必周知之,无为空言,无戾于行"[8]。叶适与薛季宣的师友关系文献并未明确记载,但薛季宣为陈傅良之师,叶适受陈傅良影响极深,因此二人之间还是存在学术渊源的。叶适求学于茶院寺学塾时,陈傅良在那里担任主讲。叶适与陈傅良相处时间长,受他影响最深,陈傅良先求学于郑伯雄,后又拜薛季宣为师,"继承了薛季宣探寻《六经》本义、注重经制的特点,其经学与思想更加趋向实用"[9]。陈傅良主张:"所贵于儒者,谓其能通事务,以其所学见之事功。"[10]叶适在陈傅良的墓志铭中写道:"余亦陪公游四十年,教余勤矣。"[11]可见陈傅良对叶适影响之深。

3. 陈亮、叶适德育思想的哲学基础

唯物主义是陈亮、叶适德育思想的哲学基础,分为唯物主义的世界观和唯物主义的认识论。陈亮与叶适都坚持"物之所在,道则在焉"的唯物主义世界观,认为道在物中,有物才有道。他们所说的道就是客观规律。因此,必须坚持理在事中的思想,承认事物的客观规律是处理人与道之间关系的前提。在认识论上,陈亮与叶适认为客观存在的事物与规律都是可以被认识的。二人都主张"格物致知",而叶适对"格物"做了解释,"格物"就是使自己适应事物,而不是使事物适应自己,要使主观服从客观,不能自以为是。关于如何认识,叶适认为人的整个认识就是人的触觉感官和思维的结合,而又以视听感官的观察为基础,即耳目与心两者并用的"内外交相成之道"[12]。

二、陈亮、叶适德育思想内容及评价

由于当权者推崇理学,以陈亮、叶适为代表的浙东事功学派并未如以朱熹为代表的闽学派一般蓬勃发展,但其所提倡的经世致用的德育思想仍然能给后世启发。但同时,陈亮、叶适作为地主阶级的学者,必然存在一定的局限性。另一方面,他们的思想也与西方的功利主义思想存在着差异。

(一)陈亮、叶适德育思想内容

培养什么样的人、怎样培养人是德育的基本问题,陈亮、叶适德育思想主要从价值观、目标观、内容观、方法论四点入手。

1. 救世济民的德育价值

南宋时期，以朱熹为代表的理学宣扬道德性命之学，认为人要做醇儒，就必须重视自身德行修养，但陈亮、叶适认为重视德行修养于国土收复、家国兴盛毫无用处，尤其是南宋朝廷偏安江南之时，理学所谓的道德性命之谈足以使朝廷决策和百姓心态步入歧途。二人认为人生在世，就要有远大的理想，要做一个经邦济世的有用之人。这充分彰显了二人以救世济民为理想的德育价值观，他们认为人生意义就是治国平天下。叶适反对空谈，主张积极投身于社会实践，在社会实践中实现人生理想和自我价值。而他所倡导的义利观，主张义与利是统一的，也是二人救世济民思想的具体展现。

2. 学以致用的德育目标

面对南宋严峻的社会矛盾，陈亮、叶适提出要培养"可以建非常之功"的"非常之人"[13]，认为真正的人才，必须兼备道德修养与实际本领，"要见诸事功，要落实到匡时救世、建功立业的行动上"[14]，反对空谈性命。陈亮、叶适认为德育必须坚持学以致用的原则，强调教育者不仅要培养受教育者观察、分析、总结历史的能力，更要培养他们运用所学知识解决现实问题的能力，教育的目标是实践、实用。

3. 功利实用的德育内容

陈亮、叶适经史并重，强调经世致用，注重历史的古为今用。陈亮研究《六经》的目的是研究历史兴衰的规律，将知识同现实社会政治结合起来，为现实服务，更好地为国家社会的发展做贡献。除此之外，陈亮还重视对历史文献的研究，陈亮认为应该从历代政治制度的得失中，寻找治理当前国家社会的办法。叶适认为历史有其客观规律，"天下之势，其乱也有门，其亡也有途"[15]。通过了解具体的史实，可以探究历史的规律，这样才能以史为鉴，找到解决当前政治、经济问题的方法。二人倡导"五经皆史",认为学生要适应社会的各项发展需要,就必须掌握各方面的内容,所以,无论是经史还是军事、农业还是其他都可成为讲授的内容。这一点不仅解放了当时学者的思想,也影响了后世的德育教学。

4. 笃实的德育方法

陈亮、叶适在各自的教学实践中,形成了二人迥于众人的德育原则及德育方法。具体来说有以下三点:一是学以致用,批判创新。二人认为以事功的理念来考校学生的学习成果,把学生培养成感性的人才才是德育的最终目的。二人集中批判了以朱熹、陆九渊为代表的理学教育思想,对理学视若神明的"六经"提出了大胆质疑,反对僵硬死板的学风,鼓励学者大胆创新。二是因材施教,循序渐进。陈亮、叶适提出不同的人的发展并不是完全一样的,因此对知识的理解能力也有所差别,因此应该有所侧重,以满足不同人群的自我发展需要。"童子以记诵为能,少壮以学识为本,老成以德业为重。年运而往,则所该愈广,所求愈重。"[16]同时二人还强调学习必须一点一滴地积累。"君子之道……一日课一日之功,月异而岁不同,孜孜矻矻,死而后已。"[17]这就是说人要不断积累知识,以量变达到质变。三是严谨治学,师友讲论。陈亮治学严谨,他在王霸义利的问题上研究长达十余年,可见陈亮为探求真理严谨的精神。同时二人也不赞成以师者教学为中心的做法,认为人各有所长,师生之间应相互学习,教学过程应注重师生之间的互动,从而相互促进、共同进步。

(二)陈亮、叶适德育思想的功利主义同西方功利主义的比较

陈亮、叶适德育思想的功利主义是在南宋特定的社会历史环境形成的,而西方的功利主义却是基于享乐主义的。功利主义在西方是一种重要的伦理思潮,并具有完整的、系统的思想体系。

1. 西方功利主义的特点

功利主义,即效益主义,是一种以实际功效或利益作为道德标准的伦理学说,提倡追求最大幸福。功利主义的主要特征有三点:第一,部分代表性。绝大多数人提出了构建幸福的想法,但现实中受益的只有部分少数人。"功利主义的行为标准并不是行为者本人的最大幸福,而是全体相关人员的最大幸福。"[19]第二,目的趋利性。趋利避害是人的本能,这在西方功利主义中充分地展现了出来,"唯一能使人们清楚看到自己所追求的行为的性质的方法,就是向他们指出这些行为的功利或祸害"[20]。第三,分配失衡性。功利主义是要追求最大幸福,按照相关理论的设想,只要完全运用功利主义行事,幸福就水到渠成,却忽略了分配问题,分配不公会使成员产生幸福感降低的问题,而功利主义的部分代表性恰恰就是分配失衡的表现。

2. 陈亮、叶适德育思想的功利主义同西方功利主义的比较

陈亮、叶适德育思想的功利主义同西方功利主义存在着很大差异。首先,二者的性质不同。陈亮、叶适的功利思想是属于教育性质的,它的功利主要通过教育来实现;而西方的功利思想是属于社会性质的,是提倡人们追求最大幸福的伦理学说。其次,二者的出发点不同。陈亮、叶适的利是为国家、为南宋谋求利益;而西方功利主义的利却是从个人出发,主张寻求个人的幸福。最后,二者追求的目标不同。陈亮、叶适的功利主义是一种实用性的价值观,而西方功利主义则是一种幸福观,它告诉人们什么是幸或不幸,怎样的制度才是对人民幸福有帮助的,怎样才能建设美好的未来,并为此不断努力实践,使人民幸福,而陈亮、叶适并未提及此方面。

(三)陈亮、叶适德育思想的历史局限性

作为地主阶级的思想家,陈亮、叶适在维护封建道德、剥削人民

的立场上同当时以朱熹、陆九渊为代表的理学家是一致的。由于地主阶级的阶级立场,陈亮、叶适二人为地主阶级服务的德育思想也具有局限性的一面。

1. 陈亮、叶适德育思想具有浓厚的封建主义色彩

陈亮、叶适德育思想中的功利主义同马克思主义者所倡导的功利主义是不同的。二人作为地主阶级的学者,其思想理论还是为满足封建地主阶级的利益诉求所服务的,为儒家传统观点所缚,无法跳出封建道德的约束。虽然在世界观上是朴素的唯物主义,但在伦理道德上却又遵从前人的观点。从本质上来说,二人的功利主义思想是为了维护封建统治,并不是站在人民大众的角度上来讲的,这一点同当时的理学家所倡导的并无不同,而其中的王霸义利之争不过是地主阶级内部的矛盾纷争罢了。

2. 陈亮、叶适德育思想具有唯心主义性质

陈亮自己已经给"道"下了解说:"夫道岂有他物哉!喜怒哀乐爱恶得其正而已。"[18]陈亮所谓的"正",就是礼义,而"道"就是合乎礼义的"六情"。所以,在陈亮的思想体系里面,"道"和"物"的关系并不是客观规律和客观事物的关系,而是主观欲念和事物的关系。因此,陈亮的德育思想具有唯心主义的性质。叶适在论及为什么从王道治世变为霸道治世时,他认为因为当时之君失其常心,反映了他唯心主义的历史观。

3. 陈亮、叶适的义利观具有一定的虚构性

陈亮、叶适的经济主张简单来说就是"以利和义"。就是将义与利统一起来,将理财与聚敛分散开来。这是他们在道德方面提出的观点,目的是为经济领域的改革提供保障。但实际上,道德来源于社会经济关系,而封建制度对劳苦大众的剥削使道德产生了虚伪的一面,

盘苟越严重，道德就越虚伪。在南宋后期的经济社会条件下，陈亮、叶适提出的这种道德构想只能是一种空想。

三、陈亮、叶适德育思想的当代意义

陈亮、叶适作为教育家，其德育思想虽然强调功利，但其中蕴含的价值观、内容观、目标观及方法论不仅对明清时期的实学教育产生了影响，也为我们当代德育研究提供了新思路。

（一）陈亮、叶适德育价值观的当代意义

陈亮、叶适所主张的人要成为于国于家有用之人及"以利和义"的义利观主要表达的是道德与功利不是绝对对立的，而是可以统一起来的，道德可以包含功利，功利也可以体现道德。

1. 对于当代德育价值观的树立具有一定借鉴意义

德育价值就是在德育活动中，客体满足主体所产生的积极影响。在这一活动中，个人需求与社会需要之间是否统一的问题是德育过程的主要问题。陈亮与叶适的价值观思想对解决这一问题具有借鉴意义。个人利益加上社会利益是社会利益总和，因而，一方需求增加，另一部分就相应降低，为了保证全局的、长远的利益，就必须将个人需求与社会需要有机地统一起来，既满足个体自身发展的需要，提升人的发展价值，又要实现社会对个人道德发展的需求，为社会服务，这点在当今我国的社会条件下是可以实现的。

2. 对处理经济行为中的义利关系具有一定的借鉴意义

改革开放以来，经济领域出现的不正当行为与日俱增，肃清这些不正之风是亟待解决的问题。在解决过程中如果过于强调道德，就会打击劳动者的生产积极性，不利于市场经济的发展；但是若只强调个人福利，就会形成个人利己主义，使劳动者将公共利益置于脑后，甚至不择手段谋取暴利，危害市场平稳与社会安定。因此，必须对陈亮、叶适的义利观有所发展，德育是一种可以影响政治经济的舆论力量，所以，既要用道德原则去引导人们对利益的追求，保障人们的正当利益；又要以利益关系为手段，保证社会道德原则的实施。

（二）陈亮、叶适德育目标观的当代意义

陈亮理想中的人才要能满足社会的需要，这就启发我们，当代德育目标不仅要体现时代的要求，还要积极超越社会生活。

1. 德育目标必须体现时代的发展要求

培养出一定的社会所需要的人，即社会所需要的劳动力，是教育的任务，而德育是育德、养德的过程。劳动力的素质必须符合社会要求，德育目标的提出是为提升劳动者素质服务的。从世界教育发展历程来看，由初等教育到高等教育的逐步普及是建立在社会生产力的一步步提高上的。可见，教育是根植于现实，面向未来的。"现在，教育在历史上第一次为一个尚未存在的社会培养新人。"[21]教育是培养人才的，用什么样的思想去影响年青一代是教育的首要问题，也是当权者最为关注的问题。因此，德育目标必须把握时代的脉搏，顺应时代的发展规律，既立足现实又面向未来，满足现实与未来社会的发展需要，在现实中创造未来。

2. 德育目标必须积极超越社会生活

"如果一个人通过积极参加社会结构的功能活动进行学习，并于必要时在改造这些社会结构的斗争中承担自己的责任，他就会充分地实现他自己在社会方面的潜力。"[22]这句话表明，德育目标积极超越社会生活不仅对社会有益，而且能促进个体的发展。社会因素对人的影响是深远的，当我们与别人在一起的时候，无意中接受了别人的影响，自己的心理行为也会随之发生一定的变化。也就是说，要实现个体社会化与社会个体化二者辩证的统一。

（三）陈亮、叶适德育内容观的当代意义

陈亮、叶适的德育内容不仅主张功利实用，以古论今，还主张吸收借鉴各方有利的学说思想。当代德育也应借鉴其中精华，关注学生身心发展。

1. 当代德育内容应关心学生的心理健康

心理健康一是没有心理疾病，二是具备积极的心理状态。但是，在当代，心理素质不高的学生不在少数，由于学生思维的成熟度不足，突然高涨的自我意识会使他们的言行出现一些问题，如学生自我中心意识越来越强且具有强烈的主观偏执性，工具化对待他人行为也越发常见，抗压能力弱，总是担心自己在他人眼中的形象，这些想法会使学生感到孤独，易嫉妒、敏感多疑。在家庭相处、师生交流、异性交往等方面也会出现关系紧张、信任度不高等问题，也有可能因为学业问题出现逃避学习的现象或者陷入无意义学习状态。心理健康的标准包括个体情绪适中、意志品质健全、人格稳定协调、自我意识正确、人际关系协调等，而上述问题的出现表明心理素质教育势在必行。教师应根据学生身心发展规律与心理发展特点实施心理健康教育，利用操作条件疗法、系统脱敏法、认知疗法、理性—情绪疗法等手段增强学生的抗压能力和环境适应能力，使心理处于最佳状态，从而形成健全的人格和良好的个性。

2. 当代德育内容应涉及的社会发展中出现的新问题

当代德育不只关注道德教育及心理健康教育，纵观我国当前的德育内容，大都是遵纪守法、热爱祖国、助人为乐等，这些问题固然重要，但随着时代的发展，在社会上出现的一系列可以影响到学生价值观、道德观的问题，也都是必须关注的。例如，经济问题、政治问题、环境问题、社会伦理问题,等等。这些问题都是在独子化、市场化、信息化、现代化、全球化的背景下出现的新问题,以这些贴近学生日常生活的问题为背景案例,帮助学生解决生活中遇到的思想认识问题,才能深入了解学生对德育问题的,才能更有效地进行爱国主义教育、纪律与法制教育、生命教育和安全教育等,才能实现我国现阶段的德育目标,即"坚持德育为先,立德树人,把社会主义核心价值体系融入国民教育全过程,引导学生形成正确的人生观、价值观、世界观……培养社会主义合格公民"[23]。随着德育研究成果的不断丰富,培养学生道德选择、道德判断、道德思维等方面的内容也应补充到德育内容中来。

(四)陈亮、叶适德育方法论的当代意义

在德育方法上,陈亮、叶适主张因材施教、师友讲论以达到教育学生的目的,也建议学生多多关注社会实践活动,将学习所得运用到实践之中。这样笃实的德育方法是值得现代德育借鉴的。

1. 当代德育方法应注重双向互动性

建立双向互动的当代德育模式,是教育价值理性的诉求,体现了受教育者的主体地位和教育过程的人性化与公平化。双向互动可以以受教育者所关注的问题为切入点,及时有效地引导受教育者的思维模式,促进受教育者的全面发展。要爱护、尊重学生,将教学由以教师为中心向以学生为中心转化,加强师生之间的情感沟通,师生关系是对教育效果具有重要影响的特殊的人际关系,消除师生之间的对立感,消除德育过程中的你说我听、不入脑、不入心、效果不明的德育教学现状,使学生认为老师不仅可敬还可亲,这样的氛围更有利于德育教学的实施。

2. 当代德育应注重因材施教、循序渐进

学生的学习能力、接受能力具有个体差异性。因此必须因材施教,将教学控制在学生道德认知发展的最近发展范围内。"大学之法,禁于未发之谓豫,当其可之谓时,不陵节而施之谓孙,相关而善之谓摩。此四者,教之所由兴也。"[24] 选择恰当的内容与方法,从学生的实际情况出发,有的放矢地进行差别化教学,才能使每个同学扬长避短,获得最佳发展,才能让学生水平和能力最大化,才能激发优生潜能,同时满足待进生的需求,使学生身心得到充分的发展。

3. 当代德育方法和途径应突出实践性

亚里士多德认为只有在实践中才能修养德行,"我们做公正的事情,才能成为公正的人;进行节制,才能成为节制的人;有勇敢的表现,才能成为勇敢的人"[25]。德育是"道"内化外显的过程,是善念内存于心、外施与人的过程,这个过程体现在日常生活中。学生良好的思想道德品质只有在社会实践中才能得到衡量与检验,所以,德育过程必须注重实践性,在实践过程中要做到适应社会实践的客观状况与客观要求,寓德育于日常教育教学之中,在实践中培养学生的道德修养,引导学生切实履行社会道德义务,把提高学生的思想认识与培养他们良好的行为习惯结合起来,使学生成为言行一致的人,使学生品德在知、情、意、性、行等方面和谐发展。

陈亮、叶适以功利主义为核心的德育思想是南宋社会政治、经济、文化的共同产物,也是当时时代的要求,虽然说二者的德育思想具有封建主义的性质,但也拥有现代德育教育可以借鉴的部分。我们要坚持马克思主义辩证法和历史唯物主义,吸收借鉴陈亮、叶适德育思想的优秀部分,将其运用到德育教育中来,发展素质教育,推进社会主义精神文明建设。

参考文献

[1] 王梓材,冯云濠. 水心文案补遗·奏札 [M]. 北京:中华书

局，2012：617.

[2] 杨朋. 陈亮叶适德育思想研究 [D]. 武汉：武汉大学，2004：3.

[3] 李心传. 建炎以来系年要录卷42 [M]. 北京：中华书局，2013：110.

[4] 陈杰林. 南宋商业发展：特点与原因 [J]. 安庆师范学院学报，2003（4）：52.

[5] 张载. 横渠易说·系辞上 [M]. 上海：上海古籍出版社，1989：193.

[6] 程颐，程颢. 二程遗书卷18 [M]. 上海：上海古籍出版社，2000：1185.

[7] 黄宗羲. 宋元学案·龙川学案卷56 [M]. 北京：中华书局，1996：1830.

[8] 薛季宣. 浪语集·答象先侄书卷25 [M]. 四库影印本. 1868：395.

[9] 姜海军. 宋代永嘉学派的经学传承及思想演变 [J]. 南都学坛（人文社会科学学报），2013，33（5）：25.

[10] 陈傅良. 陈傅良先生文集·外制·大理寺主簿王宁新知信阳军卷14 [M]. 杭州：浙江大学出版社，1999：190.

[11] 叶适. 叶适集·水心文集·宝谟阁待制中书舍人陈公墓志铭卷16 [M]. 北京：中华书局，1961：354.

[12] 叶适. 习学记言序目卷14 [M]. 北京：中华书局，1997：875.

[13] 陈亮. 陈亮集·上孝宗皇帝第一书卷1 [M]. 北京：中华书局，1987：6.

[14] 杨朋. 陈亮、叶适德育目标观的现代借鉴 [J]. 河北软件职

业技术学院学报，2010，12（2）：13.

[15] 叶适.水心别集·进卷·治势中［M］.北京：中华书局，1961：67.

[16][17] 陈亮.陈亮集·赠武川陈童子序卷24［M］.北京：中华书局，1987：268-269.

[18] 陈亮.陈亮文集卷9［M］.北京：中华书局，1987：45.

[19] 穆勒.功利主义［M］.叶建新，译.北京：九州出版社，2007：14.

[20] 边沁.政府片论［M］.沈叔平，译.北京：商务印书馆，1995：115-116.

[21] 联合国教科文组织国际教育发展委员会.学会生存——教育世界的今天与明天［M］.北京：教育科学出版社，2017：39.

[22] 国家中长期教育改革和发展规划纲要工作小组办公室.国家中长期教育改革和发展规划纲要（2010—2020年）［EB/OL］.中华人民共和国教育部官网，2010-07-29.

[23] 戴圣.礼记·学记［M］.上海：上海古籍出版社，2004：85.

[24] 亚里士多德.尼各马可伦理学［M］.邓安庆，译.北京：人民出版社，2010：26.

第十二章　颜元的德育思想

颜元是明末清初极具影响力的实用主义哲学家和教育家，世人对他的研究从他在世时就已开始。世人对颜元学术思想的主要研究可以分为三个阶段：第一阶段，主要是学术界对颜元学术思想进行的一些研究，如李谣三十一岁时为《存性编》《存治编》作序；1696年，郭金城撰《〈存学编〉序》。颜元去世后，颜元弟子为其编纂了年谱和言行录，如钟錂所著的《颜习斋先生言行录》、李塨和王源的《颜习斋先生年谱》等，这两篇著作对颜元及颜元思想的研究在当时来说是比较系统完整的。第二阶段，主要是徐世昌以大总统的身份出版的《颜李丛书》，包括《存性编》《存学编》《存治编》《存人编》，分别作于颜元一生的不同时期，他倡导颜学，创办四存学会，不断推进自身德育思想，形成了独具特色的德育思想体系。第三阶段，主要是在中华人民共和国成立之后，学术界对颜李学派的研究。这一阶段主要有陈山榜的《颜元人性论探析》（对颜元的人性论进行了系统解析）、唐凯麟的《清初颜李学派道德教育思想述评》（把颜元道德教育思想的内容概括为"六府""三事""三物"）、熊吕茂的《颜元的德育思想及其现代启示》（探究了其德育思想对当今思想道德建设的启示）等。

关于颜元的思想，国外也有不少研究者，就目前检索到的文献来看，对于颜元思想研究的专著或论文共有20余篇。如美国学者曼斯菲尔德·弗尔曼所作的《颜习斋：17世纪的哲学家》，这篇文章十分赞同颜元的道德实践观点，认为颜元的思想具有某些现代特质，与现代科学思想家有相似之处；日本学者清水洁在其所作的《颜习斋的习行主义——对宋明理学的批判及与复古主义的关联》中指出颜元是中国第一个用最明确的形式提出实用主义的人，并且客观评价了颜元的教育思想，认为颜元不太重视知识的价值；同为日本学者的村濑裕也发表了《颜元的教育学说》（上、中、下）三篇文章，对颜元的教育学说做了系统的学理阐述。另外韩国学者杨熙庸在《有关颜元格物致知的研究》一文中，把颜元的格物总结为"躬习实践"，指出所谓的真知识是指那些与客观实际相符合且能被实践证明以达到致用目的的知识。

总体来看，现阶段国内外学者对于颜元思想的研究多偏向于对颜元整体思想的研究，关于颜元思想中德育方面的专门性研究较少，所以可以通过吸收国内外学者的优秀研究成果去发掘新内涵。

一、颜元德育思想产生的背景

任何一种思想的形成都有其必然性与偶然性，它的形成不仅与提出该思想的个体有关，还与个体所处的时代有关。当然颜元德育思想的形成也不例外，必然与颜元所处时代的经济、政治、文化等背景相联系，更与颜元自身的种种经历和遭遇息息相关。

（一）时代背景

明朝中后期的中国可谓是"天崩地坼"的时代，一方面，农业和手工业领域出现资本主义经济萌芽，推动了商品经济的发展，促使了新的社会阶层——市民阶层的形成与发展。这一变化冲击了传统的封建经济和思想观念，传统的主流价值观——重义轻利并不符合新兴阶层对利益的追求，因此产生了义利观；另一方面，颜元出生于中国社会大变革时期的明末清初，明朝的衰亡给了当时学术界的思想家们当头一棒，民族矛盾和阶级矛盾空前严重，为了拯救在水深火热中的中国，他们开始进行学术反思。伴随着学术界对占主导地位的理学的批判，经世致用的实学思潮不断发展，并受到了大多数人的认可和推崇。颜元的德育思想就是在这样的时代背景下诞生的。

1. 经济背景

经济基础决定上层建筑，因而颜元德育思想的产生有其特定的经济背景。明朝中后期，农业和手工业领域里出现了新的经济因素，资本主义经济萌芽产生并发展，东南沿海一带商品经济发展迅速。清初《苏州府志》的《风俗篇》记载："唯太仓、嘉定东偏，谓之东乡，土高不宜水稻，农家卜岁而后下种，涝则种禾，旱则种棉花黄豆。"[1]农民能够将一部分种稻谷的土地解放出来种植棉花、黄豆等经济作物，以便生产出更多的商品粮，就表明农业领域的资本主义经济萌芽有了发展的可能。由此可见，这一时期资本主义经济因素在农业中已经出现。伴随着商品经济的发展，少数有经济头脑的农民成为雇主，另一部分农民经济地位下降成为雇工，社会出现两极分化，贫富差距拉大。资本主义经济萌芽状态下的生产关系便是这种雇佣关系。

此外，新的经济因素在手工业领域更为显著。"大户张机为生，小户趁织为活。每晨起，小户数百人，嗷嗷相聚玄庙口，听大户呼织，日取分金饔飧计。"[2]大规模的手工工场不仅出现在东南沿海，甚至在内陆地区都有，丝织业的发展可见一斑。与此同时，新的生产方式和生产关系冲击着传统的封建地主经济，加之土地兼并与自然灾害，迫使更多农民流入城市,客观上有利于手工业的进一步发展。商品经济的发展催生着新的价值观,原本占据统治地位的理学的"重义轻利"的价值观念开始发生转变,人们的"逐利"本性开始暴露,正如李塨所说:"人情往来,非钱与银无以也。"为了谋求私利,市民阶层兴起,要求国家培养经世致用的人才,以推动社会进步,符合当时的时代潮流,反对空谈的做法。这就是颜元德育思想的形成的经济基础。

2. 政治背景

用"国破家亡,民生凋敝"来形容明末清初的时代一点也不为过。明代自明神宗起就开始衰败了,内阁首辅张居正的一系列改革虽让国家有了一些好转,但并不能从根本上解决问题,明王朝内部的腐败已使明王朝病入膏肓,衰亡在所难免。明统治者肆意挥霍国家钱财,横征暴敛,加重赋税,王室贵族将土地据为己有,可想而知,农民没有了土地就如同鱼离开了水,无法生存,加之大规模的土地兼并和长期的自然灾害,使农民流离失所,甚至出现了"人食人"的现象,沉重的赋税和徭役加深了阶级矛盾,农民纷纷揭竿而起。李自成最终将腐朽的明王朝埋葬。

但谁承想满洲异族正日渐崛起,吴三桂引清兵入关打败李自成。明王朝的灭亡让明朝的遗民震惊,落后的"夷狄"竟然打败了曾经强大的明王朝,满洲贵族入主中原统治中国,实施各种政策打压汉人并让汉人为奴,尤其是明代遗民,以巩固其蛮夷统治,"圈地""剃发"等行为加深了民族矛盾。于是,颜元的"均田"主张便应运而生,"天地间田,宜天地间人共享之"[3]。政治上的大动荡使得人们开始反思理学的适用性,宋明理学的弊端开始显现,颜元的主张客观上推动了社会由虚返实的思潮,越来越多的人认为"空谈误国",要拯救危亡的国家,必须培养经世致用的实用主义人才,而颜元的德育思想也就是在这种情形下产生的。

3. 文化背景

明清两代的八股取士禁锢了人们的思想，士人所作的八股文必须符合圣贤之语，而评价是否作得好的标准就是程朱理学，踏上仕途的唯一路径就是将八股文作好，所以，能否为朝廷效力取决于是否很好地掌握程朱理学。可见，程朱理学在当时的社会地位。雍正、康熙年间特别注重通过文化来强化封建统治，而文化主要是指程朱理学。程朱理学不仅是当时选拔人才的标准，更是统治者用来统治中国的工具，所以作为官方御用的学说，程朱理学在人们心中的地位是无法撼动也无人敢去撼动的。

颜元在青壮年时笃信程朱理学，但是随着对理学的不断实践，以及明末清初社会动荡呈现出的一系列问题，他越来越体会到程朱理学的弊端。颜元认为给人才和国家带来灾难的正是宋明理学，宋明理学指导下的所谓"人才"根本没有能力为国家操办实事，"以致天下鱼烂河决"[4]。颜元以为程朱理学是为空疏之学，而能够解决问题、拯救国家的应该是以"事功"为宗旨的功利论，即由"虚"转"实"。特殊的文化背景让颜元的思想发生了转变，颜元的德育思想也开始形成并发展。

（二）个人经历

颜元的一生有三个转折点，分别在他26岁、34岁和57岁时。第一个阶段在其26岁之前，而这一阶段又分为两个时期，第一个时期是12到24岁，这个时候的颜元因厌恶宦官专政加之自身有一股浩然正气，所以对经世之学兴趣浓厚，潜心研究各种兵书；第二个时期是24到26岁，此时的颜元执着于陆王并开始了其教学生涯，著有《存治篇》，提出了独到的政治见解。第二个阶段是从26到34岁，也就是颜元的青壮年时期，对程朱理学深信不疑，由于颜元身上一直存在圣人情结，所以那时的他带着仆人用"静坐"的方法去寻求"孔颜之乐"，但是当用朱子《家礼》的方式为养祖母办丧时，他发觉这种方式有悖常理，所以孝亲思想的转变使其不再笃信程朱理学。但一个人的思想一经形成就很难转变，因而在57岁之前，颜元对理学还是有些许留恋的，这一时期著有《存性篇》和《存学篇》，主要是批判理学的人性说并倡导自身的事功学说，即"习实"和"习行"。最后一个阶段在其57岁之后，他立志"必破一分程朱，始入一分孔孟"[5]，不再留恋程朱的他开始猛烈攻击理学，颜元想让颜学的功利论取代腐朽的理学道义论，认为由"虚"返"实"才可救国救民。

此外，颜元德育思想的产生与师友的影响是分不开的。如其师孙奇逢反对理学的静坐无为，想做光明坦荡的"狂狷"之士，这一点让颜元十分钦佩，也对颜元后来的"圣庸同一"与"习行""习动"的德育方法产生了影响。王余佑的学问之道和张罗喆的人性二元论都在客观上推动了颜元德育思想的形成与发展，颜元认为需要通过后天学习和因材施教达到其德育目标。总之，不难发现，颜元的个人经历特别是师友交往对其德育思想有着巨大的影响，就像他说的："以友之高明，开我之蒙蔽；以友之宽厚，化我之私狭。"[6]

二、颜元的德育思想体系

颜元作为清初有名的教育家，是实用主义的倡导者，在颜元的教育生涯中，他以光复孔孟的正统儒学为己任，宣扬"六府""三事""三物"的事功之学，并以此作为德育的主要内容，通过独特的德育方法，达到自身所倡导的德育目标，即培养为朝廷、为国家做贡献的经世致用的人才。

(一) 颜元德育目标的思想

颜元的德育目标就是培养为朝廷、为国家做贡献的经世致用的人才,即培养"实才实德之士"。"人才者,政事之本。"[7]因为"举人才"得以"安天下",而培养这类人才的场所就是学校,所以教育被颜元放在了极为重要的位置。说到底就是学为圣人,而且一定要"实学"。一直以来有着圣人崇拜情结的他,要求学生脚踏实地地学习,把成为"圣人"作为自身的追求。所以他认为"圣庸同一",天赋固然重要,但如果平庸的人有着顽强拼搏、不屈不挠的意志,为远大的理想而奋斗,那么他也可以成为圣人。

颜元将圣人分为两类,一类是兼通"六艺"的通儒,一类是精通某一艺的专儒,办政事既需要有专门的人才分而治之,也需要有通才总览全局,二者协调管理国家,国家才能有序发展。颜元认为圣人一定要有进取精神,由此可见,《论语》中所谈到的"中行""狂者""狷者"("中行"是为符合中庸之道的人;"狷者"是为不露锋芒,能够急流勇退、有所不为之人;"狂者"是为做事积极进取、志气高昂、勇往直前之人)客观来说与颜元所倡导的实用主义功利论是一致的,所以颜元是十分青睐狂者的。颜元倡导要培养如"狂者"一般的经世济邦人才是颜元的学术思想"事功"在教育领域里的反映。

总之,颜元德育思想的最终落脚点还是为国家培养人才,强调为国家、为社会做贡献。究其根本还是维护封建统治,但与理学家不同的是,颜元虽然认为学生必须遵循封建道德,但是反对道德至上,他认为培养实用主义的人才,能够办实事是第一的,其次才是遵循道德。简言之,培养"实德实才之士"是颜元德育的基本目标和基本要求。

(二) 颜元德育内容的思想

颜元的事功之学是以"六府(水、火、金、木、土、谷)、三事

（正德、利用、厚生）、三物（六德、六行、六艺）"为核心的，其中以"三物"为主要内容，以"六德"治心、以"六行"治行、以"六艺"为本。颜元认为，教育应从德育目标出发，他大力倡导尧舜的"三事"之道、周公"三物"、孔子"四教"之学，他认为从本质上说，学习的终极目的在于践行，即习行"三事三物"。

颜元批判传统理学只注重内在心灵的陶冶，却忽视对外在身体的锻炼，培养出来的大多只是胆小怕事、病恹恹的白面书生，因此内外兼顾是他重点关注的，对他来说，身和心同等重要，为此，他对"六艺"的教育，是其他教育之基础，因为它既可以强健体魄，又可修养身心，而真正有用之人的身心必定是同步发展的。但是六艺仅仅是实在的事物，并不代表道德教育，因此要使六艺作用于社会，在修炼六艺过程中进行道德教育，发挥道德的教育功能，于是便形成了六行、六德。

有学者以为颜元所倡导的德育内容有复古主义的倾向，其实不然。对于颜元而言，回归经典意味着从古籍原典中寻找现实救世的途径，以便建立一个"古为今用"的模本。他说："三事、三物之学可复，而诸为儒祸者自熄，故仆谓古来诗、书，不过习行经济之谱，但得其路径，真伪可无问也，即伪亦无妨也。"[8] 由此可见，通过利用古人"习行经济"的途径来形成他的德育体系，以改革旧德育内容，是其本意。颜元的德育内容有助于时代的发展，但由于受时代的限制和程朱理学的主流地位，在那时走复古的道路才能改革创新、有所依靠。

（三）颜元德育方法的思想

颜元的德育思想的践行有其独特而有效的实施方法。颜元是一个个性鲜明的教育家，他在形成自己的德育体系之前，将孔学与理学做了对比，将孔学作为抨击理学的立足点。理学主要强调"习静"教育和书本教育,即"静坐读书",此方式不利于身心健康,还没等到学有所成,身体就垮了。此外,颜元批判理学家缺乏行动的书本教育,即知与行相分离的教育,他认为这种教育是不利于国计民生的教育,当国家处于危难之际只能纸上谈兵罢了,所以颜元提倡"习动"与"习行"的德育方法,这与他倡导的功利论是一致的,他的习行主要强调创造"知性与德性以及美的感性等内在的精神价值"[9]。同时,颜元反对理学家的人性二元论学说,坚持理气合一、人性皆善,但人与人存在差异,因而他又提出了"人人平等""因材施教""改过迁善"等德育方法。

1. "习动"与"习行"

(1) 躬行实践

作为实用主义教育家的颜元,一直提倡"习"这个环节,颜元24岁开始他的教学事业,将书房取名为"思古斋",后来就直接改成了"习斋"。颜元以为宋明理学的弊端之一就是主张静坐读书,因为在明末清初的时代,这种观点是不符合时代潮流的,而能够拯救国家的经世济邦的人才应该是通过习行教育法培养出来的人才。从本质上说,"习行"与"习动"是一样的,这一方法的权威性依据便是《论语》中提及的"学而时习之",此德育方法强调知行合一,强调理论与实践反复互动。颜元之习行教育法其实就是把"学"和"行"相结合的教育方法。颜元反对前人将"致知"落在读书、思辨上,他认为"致知"应落实在"物"上,所以,人要获得知识就必须亲身实践、身体力行,这是他的认识论在德育方法的体现。

"必须通过实践来对思想进行检验,这是习斋习行学说积极方面的基本点。"[10]颜元以学乐理为例,"如欲知乐,凭人悬空思悟,口读耳听,不如手舞足蹈,搏拊考击,把吹竹,口歌诗。"[11]由此可知,颜元十分重视"习行",反对空谈,认为只有反复操习、反复实践,才能得到知识、得到真理。"习动"的德育方法对个人来说能够强身健体,保持健康活力,就像武术、跳舞、射骑等活动。习动法对学生发挥主观能动性、提高自身的综合素养有着积极意义。

颜元"习动"的思想表现在德育中就是告诫人们在学习德育内容时要"以身实学之"并且持之以恒。他认为宋明之所以灭亡是因为人们只会静坐读书,到国家危难之际不能很好地将书本知识运用到带兵打仗上,理论与实际严重脱节,大多数人都只会纸上谈兵,另一方面,只强调静坐读书缺乏锻炼,导致身体素质差,对拯救国家毫无帮助。所以,颜元认为平时就应该让国人多"习"、多"动"、多"行",多培养"狷者"与"狂者",淘汰"文弱书生",关键时刻才不会"掉链子"。由此可见,颜元非常注重"习行"与"习动"。

(2) 劳动与体育锻炼

颜元倡导的习行教育法是需要通过劳动来实现的,所以颜元十分重视劳动在德育中的作用。福尔特尔曾经说过:"劳动使人免除三种坏处——厌烦、邪恶及贫穷。"所以,首先,颜元认为劳动有利于发展智力。智力的发展需要人的动手实践,而实践在某种程度上体现为劳动。比如说,小说家创作一篇小说需要经历很多阶段,从产生灵感到完成作品都离不开劳动,唯有感同身受才能创作出无愧于读者的作品,在劳动实践中才能激发人的潜能,发展人的智力,从而进行再创作。只有实践才能获得更多的知识和技能。

其次,劳动具有道德教育的功能。颜元用亲身实践证明了福尔特尔的话,颜元认为劳动可以去杂念,培养高尚的情操。颜元将劳动教育分成两个阶段:一是小学阶段,主要是小于15岁的学生;二是大学阶段,主要是大于15岁的学生。由于身心发展有其规律性,所以在小学阶段，颜元只要求"轮班当值"，即每个人每天轮流值日，让其了解并感受到劳动的重要性和好处。但在大学阶段，颜元要求学生研究学习"六艺"，并且以此为基础学习一门或者几门特殊的技能，这些技能大多都是与劳动知识或技能相关的实用主义学科。

由此可见颜元对劳动教育的重视。同时，颜元还提倡多进行体育锻炼，他反对宋明理学家通过静坐读书培育人才的方式，认为理学家们只能为国家培养出只会空谈而不会行动的"文弱书生"，而宋明的灭亡的很大一部分原因也就是没有"实才实德之士"，所以要解决这个问题，就必须进行体育锻炼，体育锻炼不仅能够强健体魄，也能同劳动一样具有德育和智育的功能。颜元认为它可以"健人筋骨，和人血气，调人情性，长人神智"[12]。所以体育锻炼需要经常进行，颜元晚年主持漳南书院时，将拳击等体育项目放在了课程中。总之，对颜元来说，劳动和体育锻炼于个人而言有利于强健体魄、发展心智，于国家而言有利于发展经世济邦的人才，推动国家强盛，即富国强兵。因而，劳动和体育锻炼是颜元德育方法中不可或缺的一环。

2. 圣庸平等与因材施教

客观来说，颜元的人性善恶学说是因材施教这一德育方法的理论基础。因材施教就是根据受教育者的能力、性格、志趣等方面有针对性地施加教育影响的方法。颜元反对理学家们的人性二元论学说，他认为其实质是"性命为精，形体为累"，"性命"即天地之性，也即程朱所主张的理，"形体"即人的身体、器官等。换句话说，理学家将人性看成精神、意识，将人的机体当成累赘，这与佛教的"神形分离"大相径庭。颜元痛斥理学家人性论的不合理，认为理气合一、舍形无性。颜元认为将"天地之性"与"气质之性"分离本就多此一举，他以"眼睛视物"为例，眼睛为气，所看之物为理，按照理学家的理气分离会得出"无此目然后可全目之性"的荒谬结论,认为这是在自找麻烦罢了。

颜元以孟子的性善论为指导,认为"唯其同一善,故曰近",表达了他的人性皆善的观点,认为人人平等、圣庸同一,即"人皆可为尧舜"。而"成圣路径唯有立志用功"[13],所以颜元教导学生应从小立志当圣人,只要以圣人为表率并坚持不懈、身体力行之,任何人都能通过后天的学习与努力成为圣人。"唯有其差等,故不曰同"表达了他的人性有差异的观点,为其倡导因材施教与个性解放做好了准备。颜元以为学生在智力、才能、兴趣爱好等方面各不相同,应该分别对待,在承认个性差异的前提下培养人才,即因材施教、自由发展。为了让学生得到适性发展,颜元指出了因材施教的三个要求:其一,"质性之所近",即制定学习内容应以学生的天赋为基础,不可"揠苗助长";其二,"心志之所愿",即学生所学内容必须是他们感兴趣并且想要去研习的内容,这是学习的动力;其三,"才力之所能",即学习内容应该根据不同学生的才华和能力进行分配,这是学习的基础。总之,在德育中,只有将共性与个性相结合,因材施教,有步骤、有目的地进行教育,才能达成颜元所提出的德育目标。

3. 迁善改过

颜元十分重视"改过迁善"在德育中的作用,他认为圣人同普通人犯错的不同之处在于圣人善于发现并改正错误,因此他反对理学家认为"气质之性"有恶的观点,认为气质无恶,人性皆善,因为恶生成于"引弊习染"。换句话说,人的恶劣品行或者坏习惯是外物引起的,是受别人的引诱,日渐积累而形成的,即为"近墨者黑"之理。所谓"善",广义上是指一切使人快乐和幸福的美好的事物,狭义上是从道德意义上说的,与人伦有关。而"恶"是指不好的事物,会对社会产生不好的影响。

颜元认为道德层面的"恶"是可以通过某种方式改变的，他以衣帛染污为例证明了自己的观点，"恶何以生也，则如衣之著尘触污，人见其失本色而厌观也，命之曰污衣，其实乃外染所成"[14]，人穿了衣服就会脏，必须动手洗才能让污渍消失，衣服才能变成原来的样子。而人具有主观能动性，通过内省就可以由恶变善，所以人性是可以被改变或改造的。颜元认为即便是一个十恶不赦的人也会产生恻隐之心，所以不论恶行多寡，只要一心向善、有则改之，人就能变得更好。颜元说："善恶要知，更要断。"[15]颜元认为不管是什么人，要"改过迁善"就必须知道自己的哪些行为是善行，哪些行为是恶行，变恶行变为善行。

此外，颜元还认为"吾人迁善改过，无论大小，皆须以全副力量赴之"，换句话说，颜元希望在日常生活中鼓励学生，善恶不论大小，都必须通过内省和思善的方式竭尽全力地"改之""迁之"。同时颜元将"改过迁善"的德育方法和德育的核心内容"六府""三事""三物"结合起来，要求人们做到每日行一善事，积善成德。颜元本人也以身体力行之，勇于面对错误并加以改正，没有过错就加以勉励，给他的学生树立了好的榜样。

三、颜元的德育思想对大学生思想政治教育方法的启示

当代大学生思想政治教育工作必须实现理论创新与实践创新的良性互动才能富有生机和活力。纵观历史，我们不难发现，随着人类社会的变迁，人类文明得以延续发展的条件之一就是取前人之精华，弃前人之糟粕，批判继承，古为今用。颜元所处的时代与当今的社会形势有些许相似，两个时期都处于经济快速发展、传统思想在西方思想

文化的冲击下逐渐多元化的阶段，所以颜元的德育思想中的一些积极因素是可以为当今时代提供借鉴的。颜元倡导习行、习动、劳动与体育锻炼、因材施教、改过迁善、循序渐进等德育方法，为当代大学生思想政治教育工作提供了理论基础。随着时代的发展、社会的变迁和人们思想观念的改变，党的思想教育工作需要与时俱进，借鉴前人的经验也是理之自然。

(一) 大学生思想政治教育方法要体现差异性

思想政治教育方法体现差异性主要指运用多元化的方法教育不同类型的学生，以便培养全面发展的专业性人才。"人之质性各异，当就其质性之所近、心志之所愿、才力之所能以为学，则易成。"[16]颜元强调人是共性与个性的统一体，共性便是人性皆善，最终的落脚点是发展人的个性，要依据人的身心发展规律，采取不同的对策。"举人才"是颜元之"安天下"的核心，从某种程度上说实现其德育目标的途径之一便是其德育方法中的"因材施教"。

目前，我国大学生思想政治教育方式比较单一，学生的主动性没有得到很好的发挥，个性也没有得到极大的解放。所以，当代大学生思想政治教育方法的差异性与颜元的德育方法有相同的实践背景。当代大学生思想政治教育方法应该体现差异性，运用不同的教育方法对待不同年龄阶段、不同智力水平、不同兴趣爱好的学生，最大限度地培养不同专业素养的学生，让他们为社会主义现代化建设服务，避免浪费人才。总而言之，应采取不同的方法有差异地对不同天赋的学生进行启发式教学，因势利导、循序渐进，唯有体现差异性才能发展个性，培养适合不同领域的人才。

(二) 大学生思想政治教育方法要强调双边性

思想政治教育方法强调双边性是指实现教师的教与学生的学的良

性互动，思想政治教育方法教学相长、充分发挥教师与学生的主观能动性是双边性的主要内容，也是其最终目的和归宿。归根结底，要达到德育的效果还是需要受教育者自身内化于心外化于形。但是，由于德育方法过于单一，很多教育者对学生的教育仅仅局限于理论层面，而忽视了教师与学生之间的沟通，尤其是内心与情感的沟通。而且，很多德育教师虽说有着较为丰富的学识和生活阅历，可以解决一般性的问题，但仅仅强调教师的作用而不关注学生的积极性与主动性。而颜元大力提倡创新，他倡导习行、辩论与练习相结合，注重调动学生的主动性与积极性[17]，这样学生就能够主动将学到的道德知识内化为自身的道德行为，只有德育过程之"知、情、意、行"每一个环节都完成，德育任务才算完成，从而实现德育目标。

大学生的思想政治教育同样也存在上述问题，所以要解决这类问题就必须重视双边性教学方法的使用，在思想政治教育教学中，充分发挥师生双向互动的作用，努力使内外互动最大化，改变以"教师"为中心的旧模式，摒弃传统的"教师即权威"的思想，创造民主平等的师生关系，使师生自愿形成良性互动关系，通过这种方式，师生彼此相互影响、平等交往，共同推进双方的品德发展。总而言之，强调双边性就是要求师生间平等交流、坦诚相待、教学相长、互勉共进。

(三) 大学生思想政治教育方法要突出时代性

思想政治教育方法的时代性是指教师教育学生的方法要做到与时俱进。当代思想政治教育的目的是培养顺应时代发展要求的德、智、体、美、劳全面发展的人才，所以思想政治教育方法必须与时代接轨，反映社会现实。明末清初需要经世致用的人才，所以颜元培养"全而兼专的人才"的方法着实有着现实意义。颜元的德育方法是符合那个时代的历史背景的,他看到了那个时代不仅需要德才兼备的全才,也需要各通一艺的专才,二者相互依赖、互相帮助,才有利于治国平天下。我国现如今正处在科技快速发展、各类企业转型升级的攻关期,对人才提出了更高的要求,面对层出不穷的新情况、新问题,现代高校需想尽一切办法培养适合时代发展的新型人才,即现代化复合型人才,也就是颜元所说的"通才"。再者,生产的现代化导致分工的专业化和精细化,各行、各业、各领域都需要专业性强的人才,这同颜元谈到的"如六艺不能兼,终身止精一艺可也"[18]的专才是一致的。只有将全才与专才相结合,实现协调发展,才能实现教育的最终目标。

当代大学生思想政治教育方法大多采取传统模式,反映时代的方法少之又少,亟待创新,只有符合当今时代的要求,才能培养出无愧于时代的全而兼专的人才。总而言之,要使我国经济快速、健康发展,就必须培养出颜元所认为的"实才""实德"的人才,我们要继承并发展传统教育理念,不断提出突出时代性的思想政治教育新方法。

明清之际,作为实学教育者的颜元,反对理学、倡导实学,在当时具有重要的启蒙意义。颜元的以"义利观"为指导,以"习行践履"为核心的事功的德育思想,不仅推动了中国古代德育的发展,为当代德育发展提供了借鉴,也在客观上推动了教育事业的发展。他一生身体力行,凭借一腔热血,拯救国家和人民于水深火热之中。他的一生可概括为"手著《四存》,继绝学于三古;躬习六艺,开太平于千秋"[19]。

当代思想政治教育还存在着一些不完善的地方,某些教学理念和教学方法需要逐步改进,而颜元的德育方法的精华部分如"习行"、因材施教等教育方法确实值得借鉴。在新的时期,我们要融合思想政治教育方法的差异性、双边性、时代性的特点,对大学生思想政治教育方法进行多方位革新:首先,转变模式化、单一化的教学方式,采用多元化的教育方法,"开放的社会必然伴有开放性的思维,而开放性的思维也必然会冲击封闭式的教育"[20];其次,创新教育模式,积极倡导"学生主体、教师主导"的师生平等观;最后,思想政治教育方法必须紧跟时代,才能无愧于时代。

参考文献

[1] 杨帅. 颜元道德教育思想研究 [D]. 苏州:苏州科技学院,2013:7.

[2] 朱义禄. 颜元李塨评传:上册 [M]. 南京:南京大学出版社,2011:15.

[3] 颜元. 存治编 [M]. 北京:中华书局,1987:103.

[4] 冯辰,刘调赞. 李塨年谱卷五 [M]. 北京:中华书局,1988:124.

[5] 朱义禄. 颜元李塨评传:上册 [M]. 南京:南京大学出版社,2011:55.

[6] 杨帅. 颜元道德教育思想研究 [D]. 苏州:苏州科技学院,2013:10.

[7] 雷娟利. 颜元的实学教育思想及实践 [D]. 兰州:兰州大学,2007:23.

[8] 覃贯文. 颜元德育思想研究 [D]. 桂林:广西师范大学,2010:18.

[9] 赵得昌. 颜元的"习行"教育思想 [N]. 保定日报,2015-11-12.

[10] 曼斯菲尔德·弗尔曼. 颜习斋：17世纪的哲学家 [J]. 霍红伟, 胡祥雨, 等译. 河北师范大学学报, 2009, 11 (7)：5.

[11] 颜元. 习斋记余卷六 [M]. 北京：中华书局, 1987：491-492.

[12] 钟錂. 颜习斋先生言行录·习过之篇 [M]. 北京：中华书局, 1987：693.

[13] 李伟波. 清儒颜元的实学与实践 [N]. 学习时报, 2018-12-19.

[14] 颜元. 存性篇卷一 [M]. 北京：中华书局, 1987：3.

[15] 钟錂. 颜习斋先生言行录卷：上 [M]. 北京：中华书局, 1987：622.

[16] 杨立. 颜元实学思想对大学生思想政治教育方法的启示研究 [D]. 太原：太原科技大学, 2010：22.

[17] 崔童鹿. 走出象牙塔——颜元重"习行"之实学教育思想初探 [J]. 河北师范大学学报, 2005 (1)：7.

[18] 颜元. 存学篇卷一 [M]. 北京：中华书局, 1987：54.

[19] 李塨. 颜习斋先生年谱卷：下 [M]. 北京：中华书局, 1987：794.

[20] 熊吕茂. 颜元的德育思想及其现代启示 [J]. 河北师范大学学报（教育科学版）, 2005 (1)：7.

第十三章 王阳明德育思想

王阳明作为明代著名的教育家，他所独创的"王学"德育体系受到了人们的广泛关注，研究者众多。但不同的学派不同的学者对他的德育思想具有不同的见解，他们对王阳明德育思想的理论层面的认知存在分歧，有待进一步商榷。部分学者从哲学、历史层面出发，对王阳明思想有了进一步的研究和发展，但从道德伦理层面对王阳明思想进行的研究还没有得到充分发展。

新时代以来，文化自信成为重要的思想理论，我国在思想政治教育发展过程中对传统思想的吸收和借鉴是十分重要的。王阳明的儒家思想文化，作为学术思想中的一大亮点，在很大程度上加强了公民的思想道德建设，这对构建社会主义核心价值体系具有重要意义。

为了贯彻落实"五位一体"发展战略，加强文化建设，十九大再次提到了文化建设的重要性。文化是一个民族的血液，是国家实力的象征和体现。王阳明德育思想作为传统文化的一部分，展现了中华民族的精神力量，也是中华民族走向世界、实现民族复兴的精神资源。在文化建设中，思想道德建设也是一个非常重要的内容。它作为先进文化发展过程中的重要一环，维护了人际关系的和谐，提高了人们的思想道德素质，促进了社会的稳定和发展。对王阳明德育思想的研究可为解决当代思想道德教育问题提供方法保障。

明清时期，在王阳明去世后，"王学"即趋于分化。在明儒学的案例中，黄宗羲将王门分为了八个流派。黄宗羲曾说："阳明先生之学，有泰州、龙溪而风行天下，亦因泰州、龙溪而渐失其传。"[1] "王学"在明末清初受到的广泛批判而日渐衰落。首先发难的是东林党人顾宪成，他公开批判王阳明的"无善无恶心之体"说和"心即理"；与顾宪成同气相求的是高攀龙，他批判王阳明提出的"无善无恶心之体"是"乱教""致知而不格物""学得之与佛老"，是对先儒格致之旨未尝深求。但是他们在为学的根本宗旨上，依然未脱王阳明的良知窠臼。张杨园是明末清初第一个从根本上否定"王学"的人，他猛烈抨击了良知学说。陆稼书对"王学"的批判更有系统性，在清初，张武承为坚决抨击"王学"而著的《"王学"质疑》一书产生了很大影响，他驳斥王阳明的"心即理论""批判格物致知论""知行合一论"，还驳斥了王阳明《与陆原静书》《答罗整庵少宰书》的同类观点。

在近现代，"王学"被后人借鉴吸收。魏源阐扬的"意之所在即是物"的观点与王阳明说的"意之所用，无有无物者"在意思和词句上都是相同的，他深受"王学"的影响。康有为、梁启超、谭嗣同等资产阶级革命派也深受"王学"的影响，康有为认为程朱理学对于性理是空谈，他提倡今文经学，认为"不忍人之心，仁也，电也，以太也，人人皆有"；梁启超一生尊崇良知，不遗余力地阐扬王阳明心学，他说："吾本心固有之灵明，足以烛照事理，而不为其所眩，吾本心固有之能力，足以宰制感觉，而不为其所夺，即吾先圣所谓良知者能者是也。"现代新儒学受王阳明和"王学"的影响更深，梁漱溟、熊十力、唐君毅、牟宗山、贺麟和冯友兰等是其中的代表人物。

较早对王阳明德育思想进行研究的是朱权明,他在1995年撰写的《论王阳明的德育思想》中批判了王阳明"知行合一"的思想,更加注重道德教育过程中学生的主导作用。王友良在《王阳明道德修养研究》一文中,从道德修养的角度分析了王阳明的"以德治国"思想。赖忠先在《致良知的方法和步骤——王阳明德育思想探微》中写道,在王阳明德育思想中致良知的实施可分为行善、除恶念、去无关杂念几个方面,最后让良知体现在实际生活中。近年来,人们对于王阳明思想进行探讨的数量在逐渐增长,但专业性著作还不是很多。

"王学"的影响不仅限于中国,它在东亚也有广泛的影响。现代学者认为前现代东方社会的主导思想为朱熹的思想和"王学"思想。其中,对日本、韩国和美国的影响更为深远。

张君劢在《比较中日阳明学》中提到,日本"王学"的发展分为三个时期。第一时期以中江滕树及其门人为主要代表,中江滕树的本体论和功夫论都是王阳明的思想路向。第二时期的代表人物是三轮执斋,他是由中江滕树的遗书而入"王学"的,他翻刻了《传习录》并且对它进行了相关注释,倡导关于王阳明的致良知思想;转录了《滕树先生全书》传播滕树先生读王阳明书的感悟,发扬和传播王阳明思想。第三时期以佐藤一斋和大盐中斋为代表。佐藤一斋主张"理气合一""知行合一",他十分推崇王阳明,认为他的《拔本塞源论》《尊经阁记》是古今独步;大盐中斋提出了"心归太虚"的命题,著有《古本大学刮目》《洗心洞札记》《儒门空虚寄语》《增补孝经汇注》,用以介绍"王学"。朱谦之的《日本的古学及阳明学》对近代的日本有详细的介绍。

崔在穆在《东亚阳明学》一书中,探讨了"王学"在世界思想史上的地位,他认为,韩国的"王学"突破了传统学风的束缚,推陈出新。而且在此基础上讲述了韩国与日本"王学"的特点、区别与联系。

陈荣捷和张君劢等华人学者对"王学"的传播,推动了"王学"在美国的发展。陈荣捷多次在《大英百科全书》的中国哲学部分,介绍王阳明和他的思想,又把《传习录》翻译成英文,推动了"王学"的传播。张君劢在美国出版《新儒学思想》,介绍王阳明和王门流派,扩大了"王学"的传播范围。

一、王阳明德育思想的形成和发展

要知道王阳明德育思想的形成和发展过程,首先要先了解王阳明德育思想形成的时代背景和主观因素以及他思想的理论渊源。王阳明德育思想发展的三个阶段使得王阳明思想广为人知。

(一) 王阳明德育思想形成的时代背景

1. 社会危机显露

1449年土木之变后,社会中潜在的危机逐渐显现。首先,社会危机表现在日益严重的土地兼并。皇室、太监和外戚利用他们的政治特权大规模占据土地。随着土地兼并的加剧,农民税费和徭役负担也越来越重,农民的生活水平日益恶化。"在明朝,有些人已经租完了房子,还在讨债。"[2]农民面临土地减少和税收增加的双重压迫。大量农民被迫离开家园,社会上出现了大量难民。流民问题的出现,使明朝时期农民与封建社会统治者产生了较大的矛盾,引发了农民起义。农民起义撼动了统治阶级的主体地位,不断冲击当时的正统哲学。农民起义要求的"重新开启混乱的一天"也表现出了对程朱理学的自然原则的蔑视。程朱理学对人们思想和行为的禁锢作用开始减弱,思想家们需要解决这一问题，巩固封建统治阶级的统治。王阳明正是在此种社会环境下提出了以致良知思想代替天理的观点，以求缓解社会矛盾。

其次，宦官当政是统治阶级内部造成社会危机的主要原因之一。皇帝不重视朝政，如同虚设，大权掌握在宦官手中，王振、曹吉祥、汪直、刘瑾四个人的相继干政，政治一片黑暗，社会极大混乱。皇室和藩王之间的冲突更加引人注目，且外部倭寇的不断骚扰，给明王朝的统治带来了严重威胁，造成了很大的社会危机。程朱理学不能很好地挽救政局和解决社会危机，这种情况下，王阳明深入探讨解决这一危机的方法。经过不断探索，他认为可以通过提高人们的思想道德素质和道德修养，将道德规律和个人的内在道德意识融为一体，进而缓解社会矛盾，解决社会危机。

2. 官方学术僵化

在现实面前，王阳明感受到了历史的厚重感："今天下波颓风靡，为日已久，何异于病革临绝之时！"他认为学术不明是造成天下不治的主要原因："今夫天下之不治，由于世风之衰薄，而世风之衰薄，由于学术之不明。"[3]程朱理学在被公认为明代所谓的"官方学术"之后，逐步表现出了虚拟性，最终导致学术不明。官方学术思想僵化不能统一人民的思想，在理论上也没有解决普遍之理与个体意识的关系。人类的行为和自然规律产生了脱节，社会危机出现，且由于自然规律与个体意识的不整合，自然规律尚未成为人类行为的规范。而当时统治阶级的学术思想僵化也无法引导个体意识与自然规律相适应。只有这两者相适应，才能够转化成人们内在的思想道德认识，才能在一定程度上调节人们的行为，减少社会风波。

（二）王阳明德育思想形成的主观因素

1. 屡经坎坷的痛苦体悟[4]

王阳明一生经历了四朝，而他主要活动在最无天理和奸谀小人专权最严重的武宗朝。朝廷无天理，社会暗无天日。正德元年（1506年），王阳明抗疏救戴铣却未能挽救其性命，而他也被廷杖，九死一生，投荒万里，后被贬至龙场。王阳明是一个有社会责任感的儒士，他在忤逆刘瑾、被下锦衣狱时，也依然无悔自己的行为，儒家的用世思想使他不想归隐。那如何在无天理的社会中找到自己的安身立命之所呢？王阳明在龙场时悟出了只有求之于自己的良心才能安身立命。《王阳明年谱》中记载，他在龙场因念"圣人处此，更有何道"，忽中夜大悟"格物致知之旨"，所谓"格物致知之旨"就是他所谓的致良知。王王阳明在龙场悟道前，总是对自己坎坷的生活愤愤不平，但在龙场悟道后，他总是随遇而安、心平如镜。"阴极阳回知不远，兰芽行见发春尖""他年贵竹传异事，应说杨明旧草堂"。[5] 王阳明的良知学说，始于龙场，成于忠泰之变，是他在体悟坎坷生活后，于无道之世的一种精神上的寄托。

2. 讲学授课的实践

王阳明的主要精力为明道和讲学，王阳明在庐陵贯彻了他的德治思想，"为政不事威刑，唯以开导人心为本"[6]。这一时期，王阳明最注重的是修养实践之功。他认为，要想学有所成，就必须廓清心体。钱德洪说："按先生立教皆经实践，故所言恳笃若此。"滁州讲学，王阳明最强调的是静坐。"吾昔居滁时，见诸生多务知解，口耳异同，无益于得，姑教之静坐。一时窥见光景，颇收近效。"[7] 王阳明教人静坐，后来被人们视为禅学。在南京时，王阳明的讲学规模又得到了扩大和发展。在南都讲学时，内容以"存天理去人欲"为主。居越时，讲学规模日益扩大，哲学思想也日臻成熟。王阳明的致良知思想得到了发展，他还提出了著名的"四句教"，这是王阳明心学成熟的标志，是他哲学思想的升华。王阳明的讲学授课扩大了王阳明思想的影响力，促进了德育思想的传播发展。

（三）王阳明德育思想形成的理论渊源

1."王学"与"孟学"

从追根溯源的角度讲，王阳明思想源于"孟学"。孟子提出性善说，他认为人一出生就具备仁、义、礼、智等观念，而不是外界给予的，他提出"君子所性，仁义礼智根于心"。孟子在善性学说的基础上，提出了"人人都可以是尧舜"的观点，认为修养人性最重要的是修养心灵。王阳明和孟子一样，特别反对从外求真理，从外求善。对于王阳明来说，他是以继承孟子思想为己任，而不是与孟子思想暗合，《王文成公全书》中洋溢着不少孟学的气息。但"王学"也不是对孟学的重复，王阳明提出致良知，而孟子言良知；孟子不谈知行关系，而王阳明提倡知行统一。王阳明与孟子的联系，不是单句或命题的联系，而是思想体系的联系。王阳明在孟学的基础上提出了新的思想。

2."王学"与"陆学"

王阳明思想与陆九渊的思想有着更为直接的联系。陆九渊的根本思想是"心即理"和"自存本心"，王阳明的基本思想都与陆学有直接关联，"陆学"的"心即理说"经王阳明提出的"心外无物""心外无理"得以继承和发展；陆九渊主张的心与理的同一是王阳明知行合一的理论依据；陆九渊的存心养性、求放心与王阳明作为道德修养论的致良知说有着天然的联系。他们都提倡去人欲，但陆九渊反对分天理人欲为二，认为把心一分为二，有损心的至善性和无欠缺性；而王阳明却把天理和人欲分开了。即使"王学"与"陆学"有区别，但从总体上"王学"还是对"陆学"的继承和发展。

3. "王学"与禅宗

禅宗，中国佛教中一个主观唯心论宗派，从佛教哲学来说，禅宗主要提倡心性本静，佛性常有，成佛不假外求。王阳明的《答陆原静书》多次将佛教的理论和自己的良知说相对比。王阳明也承认自己理论和佛学的相似处："夫禅之学和圣人之学，皆求尽其心也，亦相去毫厘耳。"王阳明在创立自己的心学体系时是得到了佛学不少启发的，他引佛入明儒，且没有走上佛家出世的路径，而是归宗于儒，引佛学去充实儒学，表现出了一个儒学大家的风范。

（四）王阳明德育思想发展的三个阶段

1. 以"知行合一说"为标志的第一阶段

"王学"的形成是以知行合一为标志的，这是因为"王学"的形成具有明显的对峙当世学术流弊的特征。学术不明最明显的表现就是程朱理学的虚伪化和知识化，完全与实践相脱节，因此王阳明从一开始就要特别强调知行统一的问题。王阳明"知行合一"的本质是教育人们"诚实做人"。王阳明在讲学时教静坐、"省察克治"和"存天理灭人欲"。静坐是教人收敛，戒除心浮气躁的方法，它是知行合一的表现；"省察克治""存天理灭人欲"是知行合一的外在表现形式，知行合一本质上来讲也就是存天理灭人欲。这三句话的提出，表明了王阳明知行统一论在广度上的拓展，在深度上的发展。王阳明思想的第一阶段就是在此基础上发展起来的。

2. 以"致良知之教"为标志的第二阶段

王阳明在平宸濠后经忠泰之变，正德十六年（1521年）在南昌提出致良知。王阳明的"致良知"思想的提出是王阳明思想的进一步升华，也使"王学"产生了巨大的飞跃。王阳明说："吾良知二字，自龙场以后，便以不出此意，只是点此二字不出。今幸见出此意。"[8]王阳明把"致良知"的提出，看作自己思想学问的新发展，也是"王学"的标志。在他看来，其他学说都是有弊端的，只有"良知说"没有。"致良知"具有实践之功，避免把问题偏向理论化，又不会使思想枯燥乏味，而且解决了"存天理灭人欲"不能改善社会现状、表现"王学"特质的问题；避免了"存天理灭人欲"的过程中心外求理的弊病。因此，致良知是最完善的。致良知是王阳明思想发展的第二个阶段。

3. 以"四句教"为标志的第三阶段

王阳明在同钱德洪、王畿等人谈论四句教时说道："我年来立教，亦更几番，今始立此四句。"儒家重视心性问题的脉络传承到王阳明这里就把"心"提高到了形上本体的地位，他提出四句教言："无善无恶是心之体，有善有恶是意之动，知善知恶是良知，为善去恶是格物"，并且围绕"四句教"阐发了心性问题。"四句教"是王阳明在行教过程中提出来的心学智慧之一，乃王阳明一生思想精髓的总结，王阳明在他的心学体系中提出了"致良知"学说，如果说"良知"是王阳明整个学术体系的总依据，那么"四句教"则是其一生思想的高度概括。

二、王阳明德育思想的内容

王阳明德育思想的内容主要包括五个部分。一是"明明德"的德育基础；二是"致良知"的德育宗旨；三是"明人伦""破心中贼"的德育目的；四是"学为圣人"的德育目标；五是"知行合一"的德育运行保障。

(一) 德育基础——明明德

明明德的概念和解释以及如何应用出自《大学》，书中认为人生来就是德行善良的，即明德，但是因为受到后天环境的蒙蔽和扰乱而遭到了抑制和隐匿。因此，只有通过教育方能恢复人的明德本性，王阳明所说的"明明德"，这里面的第一个"明"是学习和领会的意思，而第二个"明"是名词，是优秀光明的道德理念。[9]王阳明曾说过，无论是"格物致知"或者是"平天下"，其实都属于明明德。即便是统治者亲民，也在明明德的范畴之内。明德也就是人们心中的德行，更好的概括是"仁"，仁者认为天下有任何一个事物流离失所，都是他的仁德没有完备，世界万物都应该是一体的。《大学》的开篇就说："大学之道，在明明德，在亲民，在止于至善。"[10]"明德"就是良知，"明"就是擦亮。"明明德"就是擦亮自己的良知。"明德"是从天性中得来的，汇聚万事万物之理而应对万事万物，只是这种禀赋被抑制、人欲被蒙蔽了，所以就看不清楚了。但是明德的本体是光明的，从来没停止，所以学者要擦亮内在的德行，恢复其原来的样子。我们经常说的要回归初心，就是回归最开始的想法，跟回归"明德"有相似处，只是我们的回归太浅，没有从人的德行上思考。

对人们思想品德的培养一直以来都是我们国家关注的重点。《左传》里说："太上立德，其次立功，其次立言。"[11]在现在的学校教育里面，德育仍占有一定比例。王阳明心学思想的基础是思想道德教育，他讲学的宗旨是用致良知的方法培养人们正确的道德意识。所以这样就可以总结出明明德的要求是在道德教育的过程中通过鼓励人们发现自己本来就具有的善良德行，从而提高人的思想道德境界，人就可以根据自己的道德判断来自主自愿的选择道德行为。[12]

(二) 德育宗旨——致良知

"致良知"这一内容在阳明思想中占有很大比重,他声称:"吾平生讲学,只是致良知三字。"还提出:"致良知是学问大头脑,是圣人教人第一义。"[13] 王阳明"致良知"思想中的"致"不仅有扩充良知本体的单项意义,还有从本体到功夫,以功夫复本体的双重意义。王阳明"致良知论"的具体命题包括唯精与唯一合一、下学与上达合一、博文与约礼合一、格物与致知合一、穷理与居敬合一、明善与诚身合一、亲民与明明德合一、事上磨炼与不动心合一、道问学与尊德性合一。这些具体命题都是王阳明"致良知"思想的精华,"致良知"这一王阳明德育思想的教导过程,是要让受教育者有所顿悟,成为具有"天命之性,粹然至善"的觉悟者。[14] 王阳明通过"静坐息思虑""省察克治"以革除私欲的方法,调动主体的主观能动性,使主体通过自省的方法促进自身的发展,这对现如今发挥学生的主动性作用具有很大的借鉴意义。

(三) 德育内容——明人伦、破心中贼

以"明人伦"为教育内容是儒家教育传统之一,王阳明在此基础上,提出了"古之教者,教以人伦""三代之学,皆所以明人伦"[15]。他认为明人伦是教育的目的。王阳明强调"教以明伦"看似容易,实际上是特别难的。说其简单容易,是因为"明伦"是人性的良知。即使一个孩子也知道如何去爱他的亲人、尊重他的兄弟。因此,教导"明伦",不是要把人性的常识从外部注入他的内心,而是要激发人性中已经存在的东西。说其困难,是因为要达到最高境界的"人伦",有时候连圣人都做不到,更不要说是寻常百姓了。王阳明把"明人伦"作为教育宗旨,他强调身教比言教更重要。实践教育是"明人伦"教育中最为重要的一点,这就对教师提出了要求,如果教师不能

身先示范，起好带头作用，言语就会很苍白。那么他在平时的教育中说得再有道理，也不一定能服众，因此，"明人伦"就是要人们从内而外地提升自己、发展自己。王阳明曾说"破山中贼易，破心中贼难"，消灭强盗容易，但是要改变人们心中有害的想法是非常困难的，心中的贼，是人们的私心，只有通过提高人们的内心素养，提高思想道德品质，教育人民消灭私心才能达到很好的教育目的。

(四) 德育目标——学为圣人

王阳明把"明人伦"作为教育目的，把学为圣人作为教育目标。我们之所以把圣人称为圣人，在于他们拥有一颗和天理一样纯净的心，炼心，如同炼金、炼铁，都是提纯去杂质，而不是去添加东西。"以圣人为学"的目标，可以说是王阳明的一贯思想。王阳明的一生，学有三变，教也有三变，但是"学为圣人"的目标一直没有变过。他说："诸公在此，务要立个必为圣人之心，时时刻刻须是一棒一条痕，一掴一掌血，方能听吾说话，句句得力。"[16]他指明必须以学为圣人为目标。王阳明认为，学为圣贤不但要有学为圣贤的心还要有必为圣人的志向，更要坚定这个志向。

(五) 德育运行的基本保障——知行合一

王阳明十分推崇"知行合一论"，他认为"知行合一"可以针对当时的道德危机，直指人心。王阳明思想中有关道德修养的理论就是"知行合一"，他提出良知就是知行本体的理论，是"知行合一"功夫论的形而上学哲学依据，具有思辨性。王阳明还从"知行相即"上论证了"知行合一"，他指出："知是行的主意，行是知的工夫；知是行之始，行是知之成。"[17]王阳明还指出"知行并进"，知和行相互影响、互相促进。王阳明指出"知行合一"的宗旨是教育人们勤于实践，不能不务正业，鼓励人们为善，提升人的内在思想道德修养。掌握了"知行合一"这一德育基本保障,才能推动德育更好更快地发展。

三、王阳明德育思想的当代价值研究

对王阳明德育思想的当代价值进行研究,首先我们要对当代学校的现状有一个清晰的认识,结合存在的德育问题,运用王阳明德育思想中相关思想解决问题。

(一)当代学校德育存在的问题

当代学校德育存在的问题,首先是学校只重视应试而忽视了学生的个性发展。其次,学校德育的内容空泛,方法也很单一。最后,学校德育缺乏时效性,只重视理论教育。

1. 学校注重应试教育,忽视了学生个性的发展

在一些家长看来,分数是评价学生的唯一标准,有些家长错误地认为学习成绩好的孩子是好孩子,而他们的孩子不能和成绩不好的孩子一起玩耍交流,否则会使他们的孩子成绩下降。一些学校和教师只注重学生的理论课学习,忽视了学生的个性发展,在学生面前老师提到的除了成绩还是成绩。他们认为优秀学生或者三好学生只要学习成绩好就可以担任,却忽略了素质教育在学生发展过程中的重要作用,把学生培养成应付考试的机器,学生的特性没有得到发展。现代教育理论认为:"教育要以完善人格为目的,只有人格才是统一人的各种素质和能力的本质价值,即教育者的目的不仅在于适应国家和社会的需要,开发人的能力,而且还在于培养作为形成国家和社会主体的人本身。"[18]所以说,要把德育与学生自身的发展相结合,促进学生的发展、推动社会的发展。

2. 学校德育内容空泛，方法较为单一

当前学校德育注重应试教育，德育内容过于空泛，一些学校只重视学生的成绩，注重理论层面的教育，不注重解决当前社会存在的实际问题，不能解决学生的实际困惑。德育内容忽视学生的生活教育，缺乏针对性，主要偏向于书本教育，这也就造成了学生学习积极性、学生的学习兴趣不浓厚的问题。在传统教育的影响下，学校德育的方法也比较单一，表现为课堂灌输。学生无法深入地了解知识，只是浮于表面，学生在死记硬背中没有得到个性的发展。例如，政治理论课教育是我国现在大学生德育的主要方式。主要有大学生党建工作，学工团活动及学生会组织的相关活动等。[19] 而对于实践教学的设计少于理论课学习，方法较为单一。

3. 学校德育缺乏时效性，重视理论教育轻视实践教育

一个人的道德，只能通过他对道德要求的实践状况来加以判定。[20] 而当前的学校德育重德育理论轻德育实践，有些学校在德育过程中教给学生的理论纷繁芜杂，而行为养成教育却少之又少。他们在德育理论灌输上投入了大量的时间和资源，但对于实际的教育效果关注较少，学生很少有机会参加具有一定德育价值的社会实践活动。这种做法当然也不利于高质量的道德水平的形成。道德水平的高低从本质上来说体现在行动上，要鼓励学生们多参与日常的实践活动，提升他们的道德水平，了解道德在生活中的重要性，让学生在平时也能发扬道德精神。

（二）王阳明德育思想的当代价值

王阳明德育思想在历史的长河中并没有消失，而是在不断的发展中得到了升华，他思想中的优秀部分，对我们当今发展德育具有重要的借鉴意义。

1. 学必立志

古人把"志"解释为心之所之、心之所向。王阳明说:"夫学,莫先于立志。志之不立,犹不种其根,而徒事培壅灌溉,劳苦无成矣。"[21]王阳明强调立志,有志者始有其方,无其志则无其事。立志要切实可行,不可好高骛远,要从实际出发,要与功夫相结合,不能"假大空"。钱穆先生作为近代著名的教育家,他在王阳明思想的基础上,指出:"中国教育主要在教人如何好好做一人,而尤要在教其心,从性情方面做起。学校教育则在教其性情外,又需教其各人之才智。"[22]现在的第一步应该是教学生做人,并且使他们能够更好地发扬传统文化中关于德育理念的优秀内容。王阳明德育思想中的"学必立志"思想为我们解决当今德育面临的困境找到了突破口。

2. 德育方法要多样化

王阳明很注意方法的问题,他的弟子钱德洪说王阳明擅长用《大学》指示人心。其一是有教无类的德育方法,王阳明对孔子的有教无类有深刻的体会,教学不已,诲人不倦,他认为君子教育的宗旨应该是有教无类。在如今的学校德育中,我们也应该做到有教无类,教育应该是公平的,是面向大众的,不应该有歧视和偏见。其二是因材施教的德育方法,王阳明与希渊论教时说:"人品不齐,圣贤亦因材成就。孔门之教,言人人殊,后世儒者始有归一之论,然而成德达材者鲜,又何居乎?"[23]他认为,人的智质不同,教学方法也应该有所不同。因此,在当前的学校德育中,也应该重视因材施教,不能采取统一的德育方法去教导每一个学生,每个学生的智力、性格等都不一样,要把道德教育渗透到每一个学生心中。其三是启发式的德育方法,王阳明认为,采取启发式教学方法能收到良好的教学效果,如果只注重道德灌输,就不能激发学生的良知。在平时的教育教学中,只要有学生提问，他总是会让学生先阐述自己的观点，以便把握问题的症结，然后启发学生，达到"举一隅而知三隅"的效果。在实际学校德育中，老师也应该多多采用启发式教学的方法。

3. 注重教学相长

王阳明认为，教师和学生虽然身份不同，但是在人格上是平等的，他反对教师用居高临下的态度去教导学生。教师和学生的区分是相对的，在一个专业领域内是老师的人，在另外一个领域内有可能就是学生。在德育过程中，老师一直担负着教导学生的任务，但是这并不意味着教师就是高高在上、高不可攀的，教师与学生应该是良师益友的关系，互相帮助、共同进步。不能只注重于教学生书本上的知识，社会实践活动也是必不可少的，老师应该和学生一起，多参加一些社会实践活动，使学生得到更好的发展，强化德育的效果。

参考文献

[1] 黄宗羲.明儒学案卷三二：泰州学案一（修订版）[M].北京：中华书局，2008：587-588.

[2] 张廷玉.明史卷七十七（食货志）[M].北京：中华书局，2015：117.

[3] 王阳明.王阳明全集（简体注释版）.送别省吾林都宪序[M].陈明，王正，等注译.武汉：华中科技大学出版社，2015：42.

[4] 梁花.王阳明德育思想及其现代意义[D].哈尔滨：哈尔滨工程大学，2014：24-30.

[5] 王阳明.王阳明全集：诗赋·墓志·祭文[M].陈明，王正，等注译.武汉：华中科技大学出版社，2015：73-75.

[6] 王阳明.王阳明全集.年谱一[M].郑州：中州古籍出版社，2008：1228.

[7] 王阳明.王阳明全集卷三·语录三[M].郑州：中州古籍出版社，2008：109-110.

[8] 王阳明.王阳明全集卷三一·补当[M].郑州：中州古籍出版社，2008：117.

[9] 杨国荣.心学的意义之境[J].安徽大学学报（哲学社会科学版），2010（2）：1-4.

[10] 陈媛媛.王阳明心学之道德主体性研究[D].保定：河北大学，2014.

[11] 张勇.王阳明道德教育思想研究[D].湘潭：湖南科技大学，2011：12-18.

[12] 高美荣.王阳明的德育思想及其现代价值研究[D].太原：中北大学，2018：29-32.

[13] 徐复观.徐复观文集[M].北京：人民出版社，2000：39-200.

[14] 龚妮丽.论王阳明德育思想及其当代意义[J].贵州大学学报（社会科学版），2014（5）：21-24.

[15] 王阳明.王阳明全集卷七.万松书院记[M].上海：上海古籍出版社，1992：253.

[16] 王阳明.传习录[M].于自力，孔薇，等注译.郑州：中州古籍出版社，2008：110-112.

[17] 王阳明.传习录[M].张怀承，注译.长沙：岳麓书社，2003：9-11.

[18] 曾昭皓.高校法制教育反思与主体性法制教育探究——兼论

《思想道德修养与法律基础》的教改思路 [J]. 广东青年干部学院学报, 2011, 25 (4): 75-79.

[19] 仇晓姝. 当前我国高校德育存在的问题及对策 [J]. 西部素质教育, 2018, 4 (6): 35.

[20] 郑昭华. 当前我国高校德育内容存在的问题 [J]. 教书育人, 2011 (36): 42-43.

[21] 王阳明全集卷七. 示弟立志说 [M]. 上海: 上海古籍出版社, 1992: 255.

[22] 钱穆. 现代中国学术论衡 [M]. 长沙: 岳麓书社, 1996: 174.

[23] 王阳明. 王阳明全集卷四. 寄希渊 [M]. 郑州: 中州古籍出版社, 2008: 177.

第十四章 王夫之的德育思想

王夫之（1619—1692年），字而农，号姜斋，湖南衡阳人，晚年在衡阳的石船山居住，也因此被人们称为"船山先生"。王夫之拥有渊博的学识和出众的才华，是一个拥有无限爱国情怀的文人，可以说是"上知天文，下知地理"的难能可贵的人才，并且对西学也有所研究。王夫之与黑格尔一起被称为东西方哲学界的"双子"星座，同时他也是中国朴素唯物主义思想和启蒙主义思想的先驱，与顾炎武、黄宗羲并称为明末清初的三大教育思想家。

一、王夫之德育思想形成的时代背景

德育是指对学生这个群体的道德培养。广义上的德育是指有目的、有计划地对社会成员在政治、思想、道德等方面进行的一系列的活动施加一定的影响，主要包括社会德育、社区德育、学校德育和家庭德育等方面[1]。中国的道德教育是一种包含整个社会意识形态的"大德育"。然而，世界人格观的形成、人生观的形成、政治意识的提高都属于不同的范畴，其过程和机制体制存在着巨大的差异，不能以相同的手段、相同的途径，遵循共同的的原则来实施思想政治教育和道德教育。德育思想是随着社会的不断发展和进步而变化的，在阶级社会中有鲜明的阶级性。历代的统治阶级为了使有才之人为我所用，都十分重视对他们的道德教育。在中国古代的奴隶社会和封建社会时期的学校中，德育教育有着重要的地位。在西周时期学校教育的内容"六艺"（礼、乐、射、御、书、数）中，"礼教"是排在第一位的。据《周礼地官司徒》记载教三行：一曰孝行以亲父母，二曰友行以尊贤良，三曰顺行以事师长。

王夫之当时对德育的探索过程主要体现在五个观点上：第一，他反对理学的那一套教学理论，他认为理学禁锢了人们学习的思想灵活性和实用性，他认为每个人都是具有学习能力的，不存在天生适合学习或者天生不适合学习的人。第二，他早期的启蒙教育思想主张教育的目的是培养出对国家有用的实用人才。第三，有明确的教育目标，同时，与早期启蒙教育的倡导者一同实践学习，反对哲学家的哲学理论。第四，在方法方面，早期启蒙教育提倡主动学习方法，倡导受过教育的人充分发挥主体的主动性。第五，早期启蒙教育思想提出了初步的、更民主的教育命题。在反对封建专制的斗争中，他反对威权主义和科举制度，提出了民主思想教育改革的初步建议。与此同时，在《明夷待访录》一书中，黄宗羲更系统地提出了现代资产阶级民主政治和民主精神的教育思想，设计了一套普遍教育来限制封建专制特权，以促进民主政治体制改革。在学校系统方面，他认为如果要保留太学，就要对其实行民主管理并形成"清议"学风。全国郡县都应设学官。乡村有童子十人以上者设立小学。大范围的学习群体改成大学，小范围的学习群体改为小学（《明夷待访录·学校》）。黄宗羲的这套有着大学（太学）、中学（郡县学）、小学（蒙学）和书院的完整学校体系，可以说是近代学制的雏形。在书中，他大胆地抨击了传统教育思想的"工商为末",首次提出了"工商皆本"的思想,受到了进步阶层和下层阶级的欢迎。这种办学理念在一定程度上促进了道德教育的进步和思想的发展。然而,早期的启蒙教育思想家仍然是中小地主的代表,最终目标是恢复和平与繁荣的封建统治。虽然它们在当时被新兴的资本主义影响了,在一定程度上也维护了劳动人民的基本利益,但从整体上来说,在意识形态方面,它仍然局限于封建统治的范围内。

面对当时的内忧外患,特别是在经历了国家被入侵和思想固化所带来的毁灭性的惨痛教训以后,一些有识之士开始反思这种意识形态发生改变的根源。他们对传统的程朱理学、陆王心学进行了深入反思和批评,倡导学习世界知识,倡导研究西方先进科学技术。在启蒙教育革新的学术之风的影响下,各个学派的学者都开始了新一轮的自我反思与创新。王夫之认为"形而上"和"形而下"具有上下名称,但并不意味着上下之间存在边界。从知识的来源来看,原则和规律来源于事物的抽象。因此,应该是先有具体形器,有一个抽象的概念。王夫之通过感官,可以进入所有事物的世界,探索事物的规律。也就是说,知识是后天获得的,"圣人践形、尽性之学,岂但空空洞洞,立于无过之地而已哉!"[3]王夫之的人性观点是基于唯物主义的世界观的,不同于先秦时期哲学家的观点,王夫之更加侧重于研究人性的善与恶,认为人性是因后天的学习和成长而进化来的。王夫之认为,教育引导和环境在人性的形成和变化中起着巨大的作用。他说:"孟子言性,孔子言习,性者天道,习者人道。"[4]这句话强调了学习对于一个人的重要性和受教育的必要性,人们只有在接受教育的过程中才能够成长和不断地进步,也只有在接受教育的大环境中才能不断地提升自己的境界,如果人们不幸丧失了接受教育的能力或者说是错失了接受教育的机会，那将是很悲哀的事情，对于自身而言是一种损失，对于学术的大环境而言也是一种倒退。"格物致知""知行合一"也是基于受教育这一基本问题而言的，如果没有进入受教育的这个大环境，那么各种学术交流和研究将无从谈起，这也必将使得教育就此止步甚至可以说退步。王夫之德育思想的出发点和归宿点都是人性论，而人性并不是天生注定的而是通过后天的学习形成的。因此离开王夫之的人性教育理论而谈他的德育思想也必然会显得空洞而没有灵魂。

二、王夫之德育思想的主要观点

(一)"审才顺性"的德育认知

王夫之认为人性的发展是长期积累的一个过程，必然要经历时间的沉淀。因此他指出在教育平等的前提下更应当注重受教育者的个体特性，例如受教育者个人的主观能动性。"天命之谓性，命日受则性日生矣。目日生视，耳日生听，心日生思，形受以为器，气受以为充，理受以为德。"[5]也就是说"性"的产生和发展时刻都处于动态的变化之中，看到的、听到的和想到的都会对其发展变化产生影响，外在的环境有好有坏，因此个体的差异可以使这一问题处于平衡之中，这就需要个体充分地发挥主观能动性即自觉性，从而使受教育者主动地自觉地去接受教育。王夫之提出了自己独到的教育教学见解，形成了具有特色的一套科学的道德教育思想体系。王夫之道德教育思想主要将"性教原自一贯""进之之功，在人之自悟""道之用即是教"[6]等作为其德育思想的基本理论；在道德教学的方法上强调审才顺性，注重启发、防微杜渐、培根因本，他认为建立一定的社会奖罚机制在道德教育的过程中是很有必要的，并且以此来作为德育的动力。

同时，王夫之反对"生而知之"的观点，他认为没有人天生是什么都懂的，人来到这个世界上，本就应该对世界充满了好奇，也可以说是一种无知的状态，人的发展是与实际活动息息相关的。一方面，环境的客观性会影响人，使人朝着好或坏的方向发展；另一方面，主观性决定了人可以充分发挥自己的主观能动性，决定跟随好或坏的一方发展。他把人性分为先天的和后天的，但是更注重研究后天的天性。所谓先天性主要指自然所固有的、本来就存在的物质，比如人一生下来就具有的本性是存在着差异的，要正视差异性的存在，这也是人性可以改变的前提。而比先天条件更为重要的是人在后来所接受到的教育的影响，这里主要强调的是教育环境对人的影响，好的学习环境和氛围能够促进人朝着更好的方向前进，从而塑造良好的人性，比如正确的价值观、人生观和世界观。但是也不排除人会受到不好的环境的影响，因此就需要教育者给予正确的引导和言传身教。

王夫之的"审才顺性"正是考虑到了这一点，要充分把握受教育者所具有的本性来进行相关的教育活动，他认为人的本性都不是罪大恶极的，因此教育可以使每个人都成为道德品质高尚的人。我们要做的不是被动地适应环境、接受知识，而是释放天性，在教育环境中使受教育者拥有最大限度的发挥和创造的空间，从而使其具有浓厚的学习兴趣，主动学习，在认知过程中践行和发展。总而言之，人性的教育离不开实践活动，只有扎根在切实的实践生活中才能检验人性，并且不应该将教育简单地看作教与学，还应当具有对于人性的思考。比如说，教育者对于如何更好地传授知识，如何正确地引导学生，如何使学生更好地接受适合自己的学习模式的思考。正是这一先进的德育认知使当时教育的大环境有了明显的进步，就这一点而言，王夫之对于当时德育的贡献功不可没，他推动的德育教育事业也具有进步意义。

(二)"正其志于道"的教育理念

王夫之在德育教育的过程中始终崇尚"明德修己,止于至善"的优秀传统儒家教育理念。4 岁时,王夫之与他的哥哥一起入学。他聪敏好学,7 岁时就通过了困难的十三经考试,崇祯十五年(1642 年)和兄长王介一同参加了科举考试。这样的家庭环境不仅为王夫之奠定了深厚的历史和文学基础,而且深深地影响了他个性的形成,使他拥有了一种强调纪律、注重学习和生活态度的品格。他十分注重"志"在受教育者成长过程中的作用,强调受教育者应当有远大的志向,他认为一个人的长远发展与其志向大小有关,"圣人"之所以能比普通人取得更多的成就是因为"圣人"有比常人的更为远大的目标和坚定的信念。"志者,教之大伦而言也。大伦,可以统众事者。正其志于道,则事理皆得,故教者尤以正志为本。"[7]王夫之告诫后代子孙要树立远大宏伟志向,不可沾染不良习气,不可追名逐利,做人要潇潇洒洒,举止须堂堂正正,正如雨过后天晴,风清则月明一般,切莫做一只井底的青蛙,在没有追求的生活中老去,常常感叹自己命运不好却不想做出改变。只有适应了平庸,超越了自我束缚,性格才能变得和谐美好。

王夫之道德教育思想中值得一提的是他对启蒙教育的重视。他在《易经》中肯定了"蒙以养正"的观点,王夫之认为人从小就应该养成好的习惯,这是成为有识之士的基础,他指出环境对于一个人成长和发展的重要性,认为相较于天生的过人才能而言,良好教育环境更为重要,如果一个天资聪颖的人在一个不好的教育环境下成长并且没有好的引导从而养成了一些陋习,那么这些天分对于他而言就是一种浪费,他无论如何也不可能成为一个优秀的人,"性"无法挽救他们的习惯。因此,"习"对孩子的成长过程非常重要。他认为传统教育德育为先，对于儿童的教育不应当操之过急，而是要细心地培养，让他们养成好的行为习惯。王夫之在早期的蒙童教育过程中强调立志的巨大作用，通过对儿童坚定的志向的树立和培养塑造较为完美的人格，将不好的行为习惯扼杀在摇篮中，这样注重培养儿童主观能动性、塑造儿童个性的教育理念为后期培养儿童自觉主动地学习的能力打下了坚实的基础，从而为从根本上保证教育教学的质量，起到了防微杜渐的作用，具有重大的进步意义。

一个人要想干大事必须先有明确的志向，从古至今一直如此。正所谓有志者事竟成。拥有远大的志向对于好的学习品质的形成具有重要作用，人无时无刻不处在学习这一永恒的状态之中，树立了远大的理想才会拥有强大的动力，如果一个人没有了目标、没有了方向，那就不存在动力一说了，即使活着也只是随波逐流，像行尸走肉一样，甚至连步伐都没有自己的节奏。只有确立了明确的目标，树立了坚定的志向，才能够拥有足够的动力，才能不断地为了自己想做的事情而努力。在几百年以前，王夫之能够认识到立志的重要性并且将其作为德育教育发展的目标，这一点十分难能可贵。在当时，他提出"正其志于道"的教育理念可以说是具有很大的先进性甚至是超前性的，而这些德育思想在当时不仅具有奠定基础的作用，而且也推动了教育的发展。在中国博大精深的文化中，立志这一优秀的学习品质同样是我国的优良传统。

（三）"因人而进"的德育方法

王夫之主张教育必须因人而异。为了充分理解受教育者的偏好，必须认识到每个人都是不同的，并承认个体的差异，不能一而概之。教育，要充分了解受教育者的特点，并根据他们的学习习惯和特点，找到最适合他们的方法，根据实际情况为受教育者有效施教，使受过教育的人们可以充分利用自己的优势，发挥主观能动性，为学习奠定基础。人的性情是在成长的过程中经历了无数次的实践活动后逐渐形成的，因而王夫之将后天的教育放在一个尤为重要的位置。在对学生进行德育教学的过程中，王夫之认为教育者应当占据较为重要的地位，必须"顺其所易，矫其所难，成其美，变其恶。教非一也，理一也，从人者异耳"[8]。也就是说，虽然具体的教育方式方法上面存在着个体差异，但他们所遵循的教育原则应当是一致的。他认为人们"质有不齐"，有的柔软，有的敏感，有的生硬；野心不同，有大有小；美德不同，有利有弊；知识不同，或多或少。

　　正是因为面临着这样复杂的情况，教育者才更应该根据学生的实际情况采取不同的教育方法，即"因人而进"。他说："君子之教因人而进之，有不其之训焉。"[9]在王夫之看来，如果在不考虑学生个体存在差异的情况下选择"一并施之"，那么就不能够确切地了解应该怎么做和不应该怎么做，这样必然不能够保证教学效果。关于如何达到"因人而进"的效果，他明确地指出，最重要的是施教者必须做到对教育的对象有充分的了解和把握，即他所谓的"必知其人德性之长而利导之，尤必知其人气质之偏而变化之"[10]。道德教育不是一项简单的教育活动，因为它面临的群体具有复杂性，受教育者来自不同的成长环境，年龄不同，性格各异，他们所接受的文化熏陶也不同，因此道德水平也存在着差异。这就要求教育者要充分了解受教育者，融入学生，尽可能准确地把握学生的性格特点，对他们提出恰当的要求，给予他们合适的关怀。这样才能够做到"因人而异"，使每个人都最大效率地接受德育教育。邓小平曾说："我们在鼓励帮助每个人勤奋努力的同时，仍然不能不承认各个人在成长过程中所表现出来的才能和品德的差异，并且按照这种差异给以区别对待，尽可能使每个人按

第十四章 王夫之的德育思想

不同的条件向社会主义和共产主义的总目标前进。"[11]因此，在传输思想和道德教育理念的过程中，需要考虑到每个个体都是不同的，要把握灵活性、有效性、先进性的要求，针对不同的对象提出不同的要求。在提出这个想法时，王夫之也对教师提出了相应的要求。王夫之认为，教师应该首先树立雄心壮志，为学生做好榜样。教师应该采取严谨的态度和教学方法，成为学生学习的典范。其次，对教师的第二个要求是"正言"。他说："欲明人者先自明，博学详说之功，其可不自勉乎。"[12]这包括两个方面：第一个方面是教师必须具备渊博的知识，能够用谦虚和热情的精神，通过不断的学习来丰富自己的知识，使自己的知识储备不断增长，并具有与时俱进的精神。要善于接受新事物，不断进步和创新。第二个方面是教师要有应变的能力，通过对不同学生性格特点的把握，来改变教学的方式，从而使受教育者更好地接受与学习。最后，教师应当"正教"，王夫之说"讲习君子，必恒其教事"[13]。这对教师提出的要求是，既然从事了教师这个职业，就应当持之以恒地干下去，不要因为主观和客观的原因去改变或放弃。

与此同时，他认为，教师就像是一个辛勤的园丁，对待学生要像精心培育植物那样。作为一名教师，不仅要有渊博的知识，而且必须有高度的责任感，关爱学生，因材施教。同时，教学是一个长期打磨的过程，需要倾注时间和心血。教师必须具备以上三个条件。学生要形成良好的学习品质同样也需要经过时间的磨炼，不可能一步登天，必须经过长时间的训练和行为的更正。品质是在生活中不断积累得到的，需要实践并不断地总结经验教训。因此，我们对学生的教育和引导是一个不断完善、不断积累的过程，不能操之过急。我们必须从一个小地方做起，从小事做起，脚踏实地，一步一个脚印地去做事，这样才能顺利地达到目的。

（四）"进之之功在人之自悟"的理念基础

王夫之在引导受教育者学习的过程中注重激发学习者的兴趣，使其主动学习，在主动乐学的基础上更加强调受教育者的悟性，给予受教育者思想上的自由，使受教育者有更多遐想的空间，并且自己从中发现学习的趣味。他指出"有自修之心则来学而因以教之，若未能有自修之志而强往教之，则虽教亡益"[14]。也就是说，应该在学生想要主动学习的前提下教育他。如果学生缺乏有意识地学习的理想和信念，无论教师如何教导他们，都是徒劳的。因此，他提倡教育者必须有意识地引导学生学习，受教育者应该自觉学习而不是单纯地接受教师的灌输。王夫之肯定了孔孟习惯的存在，强调"习"对环境和教育的重要性。他认为，如果人们没有得到正确的教育，就容易产生坏习惯。如果他们不说话，就不会明白世间的道理，就会陷入世俗社会。即使有远大理想的人想要拯救他们，也无法从根本上解决这一长期形成的问题，注定无法成功。基于人性论的王夫之德育思想具有明显的时代特征和价值，他强调了"性"的可教性，也就是我们常说的德行的可塑性。在他看来，所有人的品德包括学习品质都是可以通过后天的学习得到改变和发展的，因此德育应当具有目的，教育发展和目的从来都是不分家的。他否定了人的先天性在人的发展过程中起决定性作用这一点，认为教育环境在人的成长过程中尤为重要。他的这一观点即使在当代教育理念中也是不过时的，环境中会有各种或好或坏的影响因素，如果没有正确的引导，任由坏的因素对学生产生影响，都将会导致不好的结局。因此自觉的学习和正确的引导是德育教育过程中必不可少的一部分。

在倡导自修的同时他进一步提出了"善教者必有善学者，而后其教之益大，教者但能示以所进之善，而进之之功，在人之自悟"[15]。

即强调受教育者在学习中应当扮演怎样的角色。他认为学习者需要有主动学习和思考的能力，这要求教师积极引导他们充分发挥主观能动性，思考和解决问题。关于德育主次关系的区分，王夫之认为主要方面是受教育者自身的主动性，即主动学习为主，这里又回到了"天性"与"引导"的关系问题上，在学习兴趣上个体固然存在着差异，但是也不排除会受到大环境的影响，在正确而又及时的引导下是能够培养出受教育者的学习兴趣的，也会使他们养成一个好的学习习惯，在每一天的习惯养成中和每时每刻的好的氛围的熏陶下，德育的目标就能够实现。

三、王夫之德育思想在当代教育中的指导意义

王夫之德育思想中有很多优秀的思想值得我们借鉴，其中的原理到现在都依然影响着我们，为我们当今的教育事业做出了贡献，具体的作用体现在以下几点。

（一）立教有序

这里所提到的"立教有序"是指必须依照轻重缓急的主要和次要关系来对接受教育的群体进行相关的教育，而这一教育活动的本质其实就是循循善诱。王夫之在不断地学习前人的经验中总结和创新，从而使这一理念得以发展。在王夫之看来事无巨细，无论是大到人间事理还是小到说话聊天都是有学问在里面的，所以在这里就体现出了顺序的重要性，无论哪一种行为都是需要学习和规范的，但是生命有时限，精力也不是无穷无尽的，教育者和受教育者的知识储备量存在一定差异，更何况学习主体本身就存在差异，接受能力也不同，因此如果对所有人都提出相同的教育目标，采取相同的教学方法，势必不能够达到理想的效果。在王夫之的表述下，它是"始教之以粗小之事，

继教之以粗小之理,继教之以精大之事,继教之以精大之理,而终以大小精粗理之合一"[16]。毫无疑问,这种一步一步的教学可以使受过教育的人的道德水准稳步提高。

相反,如果没有按照一定的顺序立教,极有可能产生"教者之心已劳,学者之业难就"[17]的现象。这样的方法可以使受教育者在最短的时间里和固定的空间中受到最为恰当的科学教学,这样一来就能够在最大限度里学习他们最需要的知识,从而激起受教育者的学习兴趣,培养他们对于接受优质教育的信心。我们对学生的道德教育是一个长期的过程,不能期望实现"一站式"的教育结果,不能急于成功。总的说来,在道德教育中,我们必须从一个小地方开始,从简单的事情开始,循序渐进,这样才能逐步提高学生的道德水平,才能使得德育呈现出最好的效果,这一方法在当今的教育教学过程中仍然起着至关重要的作用,它能使学生的基础更加扎实,学习更加高效,有利于学生更好地接受和消化所学的知识,具有深远的影响。

(二) 学思相资

王夫之在继承前人学与思相结合的德育思想的前提下,深刻地揭示了学与思之间的辩证关系,提出了"学思相资"的德育途径。在他看来,学与思两者不可有偏废,必须紧密结合,做到学与思相互支撑、相互促进。这是因为,一个人,随着不断的学习,他的知识积累越来越丰富,他对一些问题的思考就会越来越深入并且上升到另一个新的高度;当他对自己所思考的东西感到困惑时,他必定会不断地鼓舞自己并且更加努力地查找相关的资料,这一过程也是一种学习。因此,他提出了"学思相资以为功""学愈博则思愈远"和"思之困则学必勤"[18]的观点。王夫之也指出,寻求知识和理解离不开学习和思考。他说:"学则不恃己之聪明,而一唯先觉之是效;思则不徇古人之陈迹，而任吾警悟之灵。乃二者不可偏废，而必相资以为功。学非有碍于思，而学愈博则思愈远。思正有功于学，而思之困则学必勤。"[19]他主张学习必须是自由的、不受束缚的，要吸收前辈们的宝贵经验用来充实自己；不能墨守成规，要善于独立思考，敢于提出新的思想，充分发挥自己的智慧。知识也应当是一个不断更新的过程，不是持续地简单填充，而是在学习和领悟中坚持摒弃旧的、不好的知识，再放入新的、合适的知识，这就为知识持续地处在发展状态下提供了保证。

由此看来，王夫之德育思想在当代教育理念发展过程中依然具有举足轻重的作用，这里面包含了很多值得我们学习和思考的理念。比如说，遵循学思结合的科学原则办学，促使我们在道德修养方面的不断进步，为良好的教育建立较为合理的机制。所谓"学"就是认知前人道德的过程，前人所创造出来的关于道德的认知，只有在通过"学"这一环节才能加强对它的认识。而"思"就是"学"之后的发展、创新。人们在学习的过程中习得的东西，必须经过有效的合理的"思"，才能给受教育者留下深刻的印象从而形成深刻的认识，进而使学习者在学习与思考的过程中有所创新。学思兼顾才能不断增强自身的文化修养，进而找到人生追求。由此看来，学思结合能够使人们塑造正确的价值观，不断地提升自己的道德修养境界，这种科学的思想即使在今天仍然不过时，依然具有借鉴意义。

(三) 立志高远

他指出一个人能走多远很大程度取决于他所立下的志向，即"以志为大小久暂之区量……孔子之圣，唯志学之异于人也……下学虽所不逮，而志必至焉，不可泥于近小"[20]。即使在当下完成既定的目标很难，也不能因为一时间的阻力而放弃自己远大的志向。

正所谓有压力才有动力，暂时无法达成的目标是一种压力更是一种动力。立志高远，尤其是像我们青年学生，更要立大志向，把我们的人生定位在时代里，这样才能有大格局和大胸怀，只有这样我们才不会因小事而庸庸碌碌，才会在与时代的交相辉映中不断努力，提升自己，进一步发挥我们青年人的冲劲、闯劲，充分释放年轻人拥有的那股取之不尽、用之不竭的鲜活力量。青年人如果没有树立远大志向，那么国家的未来将会是黑暗的，没有前途的。故而，每个青年人都应树立远大的志向，更应该始终保持那颗奋斗不息的心，将青春与激情无悔奉献，去真正实现自身的人生价值和伟大理想。

（四）及时传授

及时价值是传授科学文化知识，延时价值是学生可以利用这些知识服务社会，服务政权。所以，王夫之说，教必内动，"若教则不愤不启，不悱而发，喋喋然则徒劳无益也"[21]。学校教育不光是智育，也有德育、体育、美育。就智育来说，除了陈述性知识，还有程序性知识，通俗地说，前者指具体的知识，后者是获得知识的一些方法和能力，即学校教给学生学习的方法、获取知识和解决问题的能力。它有一个时间的延迟值，它们不仅在学校发挥作用，而且在今后的生活和工作也会发挥作用。体育、德育、美育，那更有延时价值了。健康的体魄，使学生受用一生；德育，良好的道德是人幸福感的底线。王夫之在德育思想中对教师提出了三个要求，可见他对德育这件事的重视，这种思想有利于教育界良好风气的形成。在当今的教学环境中，呼吁教师们热爱教育教学工作，真心地为学生提供优质的教学，一定程度上有利于提高教师们的自我修养和素质，在当时看来不仅具有超前的构想，并且也是一个有利于教育教学长期发展的思想。及时传授精神对教师行业的影响也非常的深远，教师具有良好的品质，随时地丰富自我的修养和学识，然后与时俱进为学生带来最新的知识，这是每一个教师都应当具备的优良品质，在任何时候都不会过时，教师不断进步才能保证受教育者始终拥有良好的教育环境。

德育作为教育教学中的重要组成部分，在教学的过程中发挥着巨大的作用，王夫之德育思想中"立教有序"的思想在当今教育理念中仍然具有举足轻重的作用，同时，他提出教师要循序渐进地教学，学生也要循序渐进地学习，才能温故而知新。这些宝贵的思想理念为我们的德育教学发展奠定了坚实的基础，指出了科学的方向。

参考文献

[1] 姜雪.邓小平思想政治教育理论及其现实意义研究[D].齐齐哈尔：齐齐哈尔大学，2017.

[2] 刘勇.王夫之蒙学教育观与小学语文[D].武汉：华中师范大学，2016.

[3] 王夫之.读四书大全说："论语"十二篇[M].长沙：岳麓书社，1996：137.

[4] 王夫之.俟解[M].长沙：岳麓书社，1996：75-76.

[5] 王夫之.尚书引义[M].北京：中华书局，1976：64.

[6] 王夫之.船山全书[M].长沙：岳麓书社，1996：85.

[7] 王夫之，张子正.蒙注[M].北京：中华书局，1975：118.

[8] 王夫之，张子正.中正篇[M].北京：中华书局，1975：37.

[9] 王夫之.四书训义：卷十[M].长沙：岳麓书社，1996：59.

[10] 王夫之.四书训义：卷十[M].长沙：岳麓书社，1996：88.

[11] 邓小平.邓小平文选：第二卷[M].北京：人民出版社，1994：106.

[12] 王夫之.四书训义：卷三十八[M].长沙：岳麓书社，

1996：21-22.

［13］王夫之. 姜斋文集［M］. 长沙：岳麓书社，1996：38.

［14］王夫之. 船山全书：第四册［M］. 长沙：岳麓书社，1991：16.

［15］王夫之. 船山全书：第七册［M］. 长沙：岳麓书社，1990：275.

［16］王夫之. 船山全书［M］. 长沙：岳麓书社，1996：175.

［17］王夫之. 读四书大全说［M］. 长沙：岳麓书社，1996：127.

［18］王夫之. 四书训义：卷六［M］. 长沙：岳麓书社，1996：143.

［19］王夫之. 船山全书［M］. 长沙：岳麓书社，1996：213.

［20］王夫之. 船山全书·第十册［M］. 长沙：岳麓书社，1991：210.

［21］王夫之. 读四书大全说："论语"十二篇［M］. 长沙：岳麓书社，1996：93.